도덕적 AI와 인간 정서

인공지능총서

인공지능 시대입니다. 기계가 인간의 인지를 대신하고, 사물이 인간을 통하지 않고 다른 사물과 직접 커뮤니케이션합니다. 이에 따른 인간 삶과 문명 변화를 정확히 이해·예측·대응하는 것은 이 시대 우리 모두의 과제입니다. 인공지능총서는 인공지능 기술과 환경의 여러 주제를 10가지 키워드로 정리합니다. 관련 개념과 이론, 학계와 산업계의 쟁점, 우리 일상의 변화를 다룹니다. 인간과 기술의 현재, 미래를 세심히 분석합니다.

일러두기

- 인명, 작품명, 저서명, 개념어 등은 한글과 함께 괄호 안에 해당 국가의 원어를 병기했습니다.
- 외래어 표기는 현행 어문규정의 외래어표기법을 따랐습니다.

처음이세요?

전문가세요?

도덕적 AI와 인간 정서

박형빈

대한민국, 서울, 커뮤니케이션북스, 2025

도덕적 AI와 인간 정서

지은이 박형빈
펴낸이 박영률

초판 1쇄 펴낸날 2025년 7월 30일

커뮤니케이션북스(주)
출판 등록 2007년 8월 17일 제313-2007-000166호
02880 서울시 성북구 성북로 5-11
전화(02) 7474 001, 팩스(02) 736 5047
commbooks@commbooks.com
www.commbooks.com

ISBN 979-11-430-0586-1 03500

책값은 뒤표지에 표시되어 있습니다.

차례

감정 없는 공감: 감성 컴퓨팅의 윤리적, 신경과학적 과제

젠슨 황(Jensen Huang)은 NVIDIA GTC 2025(GPU Technology Conference) 기조연설에서 에이전트 AI (Agentic AI)를 향후 인공지능 혁신의 주요 전환점으로 소개하며, 기술 발전에 대한 새로운 비전을 제시했다. 그는 에이전트 AI를 '스스로 인식하고 추론하며 목적을 설정하고 행동할 수 있는 능동적 존재'로 설명했다. 이는 명령에만 반응하던 과거의 AI와는 전혀 다른 차원의 자율성 및 행위성을 시사한다. 이러한 방향성은 단순한 기술적 향상을 넘어, AI의 의지와 주체성에 대한 근본적인 성찰을 요구한다.

오늘날 AI 기술은 의료, 금융, 교육, 예술, 제조업 등 여러 분야에서 가속적으로 혁신을 이끌고 있으며, 고차적 사고나 정서까지 모방하려는 수준에 이르고 있다. 이에 따라 AI의 역할과 본질은 기술적 관점에 머무르지 않고 철학, 윤리학, 신경과학, 인지과학을 아우르는 다학문적 접근을 통해 재해석될 필요가 있다. 예컨대 자율주행 자동차가 윤리적 딜레마에 처했을 때 누구의 기준으로 판단해야 하며, AI가 법률이나 의료 분야에서 결정을 내릴 때 책임 소재는 어떻게 규정되는가 등 실제적 논쟁도 이미 시작되었다. 그러나 현재 AI는 도덕적 책임 의식이나 내재적 가치 판단 능력을 갖춘 존재가 아니며, 단지 입력된 알고리즘과 데이터에 따라 작동한다. 따라서 AI가 과연 진정으로 옳고 그름을 식별하거나 스스로의 판단에 대한 책임을 질 수 있는지에 대한 근원적 의문은 여전히 풀리지 않은 채 남아 있다. 또한 AI 알고리즘의 불완전성과 잠재적 편향은 인종, 성별, 계층 등 사회적 영역에서 크고 작은 문제를 일으키고 있어 도덕적, 윤리적, 법적 대응책 마련이 시급한 상황이다.

인간의 도덕성은 논리적 추론만으로 설명되지 않으며 공감, 정서, 직관, 사회적 맥락 이해 등이 복합적으로 작용하여 형성된다. 그러므로 순전히 알고리즘과 데이터에 기반한 AI가 '진정한 의미'의 도덕적 판단을 내릴 수 있는지는 극도로 복합적이고 깊이 있는 논쟁의 대상이다. 최근의 AI 연구는 감정 인식 기술을 고도로 정교화하여, 인간의 표정 · 음성 · 생체 신호 등을 분석해 그에 맞춰 대응하려는 시도를 활발히 진행하고 있다(Chintala, 2024; Kumar & Rani, 2024).

예를 들어, 2025년 스웨덴 스타트업 인투이셀(Intui-Cell)이 선보인 루나(Luna)는 '디지털 신경계(digital nervous system)'를 갖추어 시뮬레이션이나 사전 훈련 없이도 실시간 학습이 가능하다고 소개되었다. 루나는 전통적 AI 모델과 달리 환경과 직접 상호작용하며 필요한 기술을 습득하고 변화에 유연하게 적응한다. 이들은 로봇이 실제 세계에서 축적한 물리적 경험을 통해 '인간처럼' 배우도록 만들고자 했고, 공개된 영상에서 사전 학습 없이 일어서는 루나의 모습은 갓 태어난 동물이 움직임을 익혀 가는 장면을 연상시킨다. 인투이셀의 최고경영자(CEO) 빅토르 루트만(Viktor Luthman)은 "단순히 데이터나 연산 능력이 넘쳐 난다고 지능이 저절로 생기는 것은 아니다. 처음부터 그것을 가능케 할 구조가 마련되어 있어야 한다"고 언급했다(Cuthbertson, 2025.3.24).

감정 인식을 비롯한 최신 AI 기술은 동반자 로봇, 상담용 챗봇, 치료용 서비스 등과 같은 분야에서 혁신적 활용 가능성을 보여 주면서 인간-AI 상호작용을 한층 자연스럽게 만들 것으로 기대된다. 그러나 AI가 실제로 감정을 '경험'하는 것인지, 아니면 복잡한 반응을 '연출'하는 것인지는 여전히 논란의 대상이다. 이는 신경철학 차원에서 중요한 쟁점으로, 데이비드 차머스(David

Chalmers)가 제시한 '퀄리아(qualia)' 개념을 떠올리게 한다(Chalmers, 1995a). 특정 자극을 받아들일 때 느끼는 주관적 감각, 즉 '빨간색'을 보는 느낌처럼 순수하게 개인적이고 내면적인 경험 세계는 과연 AI가 소유할 수 있는 영역인가? 만약 AI가 이를 갖추지 못한다면, 그 감정 표현은 '내면 없는 시뮬레이션'에 불과하다는 평가를 피하기 어려울 것이다.

에이전트 AI의 부상과 정서적 AI의 진화는 곧 인간의 본질과 AI의 존재론적 위상을 새롭게 조명하는 계기가 된다. AI는 기술적 성취에만 머무르지 않고, 인간의 인지적 처리 과정과 정서적 반응 체계를 모방하고 확장하며, 나아가 도덕적 판단과 존재론적 사유라는 철학적 차원까지 포괄하는 다층적 인식론적 전환을 촉발하고 있다. 결국 인공지능 시대가 심화할수록 우리는 "인간이란 무엇인가?"라는 근본적 질문과 함께, 감정 · 인지 · 윤리에 대한 새로운 담론을 함께 모색해야 할 것이다.

감성 컴퓨팅과 모의 감정의 한계

AI는 방대한 연산 능력과 패턴 인식 능력으로 놀라운 결과물을 창출해 왔다. 그러나 이러한 성과에도 불구하고, 인간이 지닌 맥락적 이해나 직관적 통찰 능력까지 그대로 재현하기에는 아직 근본적인 어려움이 존재한다. AI는 방대한 데이터를 활용해 통계적 규칙을 찾아내고, 인간과 유사한 결과물을 '생성'해 낼 수 있지만, 그 과정에서 정보의 '의미'를 진정으로 이해하거나 체화한다고 보기엔 무리가 있다. 이는 기술적으로 뛰어난 AI조차 여전히 '진짜 지능'이나 '심층적 이해'에 이르지 못하고 있음을 보여 주는 단적인 예다.

인간의 감정을 모사하는 AI 역시 이러한 문제를 안고 있다. AI가 목소리 떨림 · 표정 변화 · 심박수 등 외부 단서를 수집해 사용자 정서를 추론하고 그에 맞춰 반응할 수 있지만(Praveena et al., 2020), 이는 결국 사전에 설계된 알고리즘과 학습된 데이터의 범주에서 이루어지는 시뮬레이션이다. 인간은 생물학적 · 사회적 · 문화적 맥락 속에서 감정을 느끼고 해석하기 때문에, 동일한 사건도 개인적 경험과 해석 양식에 따라 전혀 다르게 수용한다. 예컨대 슬픔을 '눈물이 흐르는 상태'로만 이해하는 것이 아니라, 상실이나 결핍, 거기에 수반되는 복합적인 정서와 개인적 서사를 통해 경험한다. 이는 AI가 알고리즘을 통해 '감정 표현'을 모방할 수 있을지언정, '감정을 살아 내는 경험'과는 상당한 거리가 있음을 시사한다(박형빈, 2016 참조).

결국 AI가 정교하게 감정 반응을 재현하더라도, 이는 생물학적 · 사회 문화적 문맥에서 생성되는 인간의 다층적 정서 체계를 그대로 옮겨 놓은 것이 아니다. 게다가 AI에게는 인간이 지닌 기억과 정체성, 생애사를 통해 직조된 '개인적 내러티브'가 없으므로, 특정 감정을 어떤 의미로 받아들이고 해석할지에 대한 주관적 배경 자체가 존재하지 않는다. AI가 제공하는 감정 반응은 기계가 계산 가능한 패턴을 통해 '공감하는 듯 보이게' 만든 것일 뿐이며, 이를 실제 감정으로 봐야 할지에 대해서는 아직 합의가 이루어지지 않았다.

인간은 복잡한 사회 · 문화적 배경 안에서 감정을 형성하고, 이를 바탕으로 윤리적 판단과 행동을 이어 간다. 과거 기억에서 비롯한 슬픔이나 죄책감은 현재의 선택에 영향을 미치고, 공감 능력은 타인의 고통에 대한 민감도를 높여 준다(박형빈, 2021, 2022 참조). 이러한 정서적 기반이 결여된 AI가 자율적 행위자로서 도덕적 판단을 내릴 수 있을지에 관한 문제는, 인공지능 윤리 담론에서 매우 핵심적인 쟁점으로 부각되고 있다. 따라서 인간과 AI의 감정 교류는 기술적인 진보 차원을 넘어, 인간이 가진 감정과 정서가 어떤 의미와 가치를 지니는지, 그리고 그러한 경험이 재현 가능한 것인지에 대해 되짚어 보게 만든다.

인공지능의 도덕적 주체성에 대한 성찰

21세기에 들어서 심층 신경망(Deep Neural Networks)을 기반으로 한 인공지능이 빠른 속도로 발전하여, 이제는 감정 인식 및 표현 능력까지 한층 세밀하게 구현하고 있다. 단순한 기능 확장을 넘어 인간이 가진 정서적 경험과 윤리 체계 전반에 근본적 도전장을 내민 것이다. 인공지능과 공존하는 시대가 본격화하면서 우리는 AI를 도구로만 볼 것인지, 아니면 윤리적 주체로서 인정해야 하는지에 대한 보다 심도 있는 논의를 피할 수 없게 되었다. 나아가 이는 기존의 인간 중심 윤리학을 보완하거나 재구성하는 새로운 패러다임의 필요성으로 이어진다.

AI가 인간의 감정을 정교하게 모방하더라도, 감정의 주관적 경험과 윤리적 판단에 미치는 함의를 실제로 이해하기는 어렵다. 인간의 도덕적 결정은 단순한 논리·계산이 아니라 감정·경험·사회 문화적 맥락이 중첩된 복합적 프로세스다. 조슈아 그린(Joshua Greene) 등의 연구(Greene et al., 2004)는 인간의 도덕 판단이 여러 뇌 영역 간 복잡한 상호작용으로 구성됨을 보여 준다. 공감 능력은 거울 뉴런(mirror neurons)과 관련되어 타인의 정서 상태를 직접적으로 체감하게 해 주며(Gallese, 2001), 이는 도덕적 딜레마 상황에서 판단의 중요한 기반이 된다. 그러나 AI는 신경생물학적 기제나 정서적 체험 없이 데이터와 알고리즘을 통해서만 '공감'을 흉내 내기 때문에, 이른바 '공감 신호'를 제대로 이해하거나 내면화하기가 사실상 불가능하다.

감성 컴퓨팅(Affective Computing)은 이런 배경에서 부상한 분야로, AI가 인간 정서를 인식하고 반응하며, 나아가 표현할 수 있게 만들려는 연구를 포괄한다(Picard, 1999, 2000). 이는 인간-컴퓨터 상호작용(HCI)의 정서적 깊이를 확장하고, 가상 비서 · 정신 건강 상담 · 돌봄 로봇 등 다양한 응용으로 이어지고 있다. 하지만 AI가 생성하는 정서 표현은 어디까지나 알고리즘과 데이터 패턴에 의해 '계산된' 결과라는 점에서, 인간이 실제로 경험하는 감정의 내면적 의미나 도덕적 맥락을 온전히 반영하기 어렵다.

결국 AI의 정서적 반응이 '진짜 감정'인지, 아니면 인간과의 상호작용을 매끄럽게 하기 위한 '전략적 생성물'인지에 대한 논란은 계속될 수밖에 없다. AI가 내놓는 감정 반응을 실재로 인정하기 시작하면, 감정의 진정성과 윤리적 책임 소재, 그리고 인간 상호작용의 근본 전제인

'감정적 진실성' 역시 재고해야 하는 상황이 펼쳐질 것이다. 이는 단순히 기술 발전만의 문제가 아니라, 인간과 AI가 공유할 수 있는 감정 및 윤리 체계가 어디에 있는지를 묻는, 근본적이고 다층적인 과제로 연결된다.

결론적으로, 감성 컴퓨팅과 도덕적 AI를 등장시키고자 하는 공학적 접근은 기술적 혁신을 초월해 인간의 정체성과 윤리 체계를 뒤흔드는 담론을 촉발한다. 인간이 지닌 신경생물학적 기반과 사회 문화적 경험을 온전히 재현하거나 대체할 수 없는 현 단계에서, AI가 윤리적 행위자로 인정받기 위해 필요한 조건이 무엇인지를 규명하는 것은 여전히 난제다. 인공지능의 확산은 감정과 도덕, 인간의 인지와 그에 대한 인공적 시뮬레이션 간의 경계를 재설정하도록 요구하며, 이는 철학적 성찰, 윤리적 판단, 과학적 탐구를 아우르는 핵심적 과제로 부상하고 있다.

참고문헌

박형빈(2016). "심리분석과 도덕교육". ≪倫理硏究≫, 1(108), 155~193쪽.

박형빈(2021). "도덕철학과 도덕심리학에서 직관과 정서 - 그린(J. Greene)의 이중과정 모형과 하이트(J. Haidt)의 사회적 직관을 중심으로". ≪도덕윤리과교육≫, 72, 29~65쪽.

박형빈(2022). “초등학생의 뇌 발달과 도덕판단의 뇌신경과학적 메커니즘-하이트(Jonathan Haidt) 도덕기반이론의 시사점 탐색”. ≪초등도덕교육≫, 79, 281~317쪽.

Bakola, L. N., et al.(2022). Inteligencia Emocional vs. Inteligencia Artificial: A interacao da inteligencia humana na robotica evolutiva. *Research, society and development, 11*(16), e72111636919.

Barrett, L. F.(2017). The theory of constructed emotion: An active inference account of interoception and categorization. *Social cognitive and affective neuroscience, 12*(1), pp.1~23.

Chintala, S.(2024). Emotion AI in business intelligence: Understanding customer sentiments and behaviors. *Central asian journal of mathematical theory and computer sciences, 5*(3), pp.205~212.

Cuthbertson, A.(2025.3.24). Robot with digital nervous system learns ‘like a human’ in world first. The Independent. https://www.independent.co.uk/tech/robot-intuicell-ai-robotics-brain-b2720582.html

Damasio, A.(2018). *Strange order of things: The biological roots of culture*. Pantheon.

Damasio, A. & Damasio, H.(2024). Homeostatic feelings and the emergence of consciousness. *Journal of cognitive neuroscience, 36*(8), pp.1653~1659.

Gallese, V.(2001). The ‘shared manifold’ hypothesis. From mirror neurons to empathy. *Journal of consciousness studies, 8*(5-6), pp.33~50.

Greene, J. D., et al.(2004). The neural bases of cognitive conflict and control in moral judgment. *Neuron, 44*(2), pp.389~400.

Kanai, R. & Tsuchiya, N.(2012). Qualia. *Current biology, 22*(10), pp.R392~R396.

Kumar, S. & Rani, H.(2024). Study of multimodal emotion recognition: Integrating facial expressions, voice, and physiological signals for enhanced accuracy. *Glimpse-journal of computer science, 3*(2), pp.19~23.

Oritsegbemi, O.(2023). Human intelligence versus AI: Implications for emotional aspects of human communication. *Journal of advanced research in social sciences, 6*(2), pp.76~85.

Picard, R. W.(1999). Affective computing for HCI. *HCI,* pp.829~833.

Picard, R. W.(2000). *Affective computing.* MIT press.

Praveena, K. B., et al.(2020). Emotion recognition with AI: Techniques and applications. *World journal of advanced research and reviews, 8*(2), pp.344~352.

01
인간 정서의 뇌 신경과학적 원리

정서는 인간의 행동 · 의사 결정 · 사회적 관계 형성에 깊숙이 관여하는 복합적 심리 · 생물학적 현상이다. 그렇다면 '감정'은 뇌에서 어떻게 생성되는가? 인간 정서의 신경과학적 원리와 메커니즘은 무엇인가? 신경과학 연구는 정서가 특정 뇌 구조, 특히 편도체, 전전두엽 피질, 전대상피질, 해마 등과 밀접하게 연관되어 있음을 보여 주었다. 신경과학적 발견을 바탕으로, 정서가 뇌 내 다양한 회로망에서 어떻게 구성되고 조절되는지를 종합적으로 고찰한다.

AI와 1인 창업?

정서에 대한 신경과학적 탐구의 시작

수 세기 동안 과학자들은 인간의 정서 및 행동에 대한 두뇌의 조절적 통제와 그 상호작용에 대한 이해를 확장하기 위해 지속적으로 노력해 왔다. 아리스토텔레스나 갈레노스(Aelius Galenus or Claudius Galenus)와 같은 고대 의사들로부터 브로카(Paul Broca), 페이페즈(James Papez), 매클린(Paul D. MacLean)과 같은 임상의 및 신경병리학자들의 근대적 관찰에 이르기까지, 정서신경과학(affective neuroscience)이라는 학문 분야는 점차 성숙하여 신경과학자, 신경심리학자, 신경과 전문의, 정신과 의사들의 영역으로 자리 잡게 되었다(Roxo et al., 2011).

19세기 심리학자 윌리엄 제임스(William James)는 정서를 자극에 의해 유발된 신체적 변화를 인식하는 과정으로 규정하며, 정서 연구에 생물학적 접근을 도입하는 데 결정적인 기여를 했다. 그는 기존의 인지 중심적 정서 이해를 비판하고, 감정은 외부 자극으로 발생한 생리적 반응을 주관적으로 지각함으로써 성립한다고 보았다. 그의 이러한 주장은 1884년 발표한 논문 "정서란 무엇인가(What is an Emotion)?"를 통해 체계적으로 제시되었으며, 이후 '제임스-랑게 이론(James-Lange Theory)'이라는 명칭으로 정립되었다.

제임스-랑게 이론에 따르면, 감각 자극이 먼저 생리적 반응을 유발하고, 이러한 반응에 대한 자각이 정서적 경험으로 이어진다. 이는 감정이 자극 자체의 결과가 아니라, 자극이 유발한 신체 변화에 대한 지각이라는 점에서 당시 지배적이었던 관점과 뚜렷이 구분된다. 제임스는 슬픔, 두려움, 분노와 같은 감정들이 각각 특정한 신체 반응 패턴과 연결되어 있다고 보았으며, 감정 상태는 이러한 반응을 뇌가 인식함으로써 발생한다고 주장한다. 예컨대, 그는 "우리는 곰을 보고 두려워서 도망가는 것이 아니라, 곰을 보고 도망치기 때문에 두려움을 느낀다"고 설명한다(James, 1884). 즉, 우리는 울기 때문에 슬프고, 떨기 때문에 두렵다.

감정을 신체 반응의 결과로 보는 제임스는 다양한 감정에 대응하는 신체 반응이 매우 복잡하고 정교하며, 이는 단순한 반사 작용이 아닌 정서의 본질과 직결되는 심리적 과정이라고 보았다. 이러한 관점에서 정서는 단순히 내면의 주관적 느낌이 아니라, 생리적 변화에 대한 뇌의 해석 과정이라는 점에서 신체와 심리의 통합적 산물로 이해된다. 제임스는 나아가 신체 반응을 의도적으로 유도함으로써 특정 감정을 유발할 수 있다고 보았으며,

이는 감정 조절과 관련된 심리 치료적 접근에도 이론적 근거를 제공한다. 그는 심장 박동 증가, 근육 수축, 호흡 변화와 같은 생리적 반응이 없다면 정서 역시 성립하지 않는다고 여겼으며, 신체 변화의 인식이 정서 경험의 본질이라고 보았다(Cannon, 1987). 제임스의 이론은 감정 연구를 철학적 사유에서 생물학적, 신경학적 탐구의 영역으로 확장하는 데 중요한 토대를 마련했다.

20세기에 들어서면서 정서에 대한 신경과학적 연구가 본격화되었다. 초기 연구자들은 공포, 슬픔, 분노와 같은 특정 정서의 물리적 기반을 뇌에서 찾고자 노력했는데 정서가 뇌의 특정 영역, 특히 변연계와 관련되어 있다고 생각했다(Dror, 2001). 오늘날 전전두엽 피질(prefrontal cortex, PFC), 편도체(amygdala), 전대상피질(anterior cingulate cortex), 해마(hippocampus), 뇌섬엽(insula)은 대부분의 감정 처리 과정에 관여한다는 점이 널리 수용되고 있다. 새로운 뇌 영상 기술과 분자생물학적 발견은 이 분야에서 지식의 경계를 더욱 확장하고 있다(Roxo et al., 2011).

정서 이해에서 전통적인 관점은 정서가 외부 자극에 대한 고정된 반응이며, 특정한 신경 회로와 생리적 변화 패턴에 의해 유발된다는 전제를 가지고 있었다. 이러한 시도는 정서의 생물학적 기초를 밝히는 데 기여했지만, 다양한 상황에서 나타나는 정서의 가변성과 개인차를 설명하는 데는 한계가 있었다. 인지 혁명 이후 인지와 정서의 상호작용에 대한 신경과학적 연구가 중요하게 다루어지면서, 정서 경험을 단순히 생리적 변화의 인식이 아닌, 인지적 평가와 해석을 포함하는 복합적인 과정으로 이해하게 되었다(Dalgleish et al., 2009).

리사 배럿(Lisa Feldman Barrett)의 정서 구성주의 이론(Theory of Constructed Emotion)은 전통적인 정서 이론과는 근본적으로 다른 관점을 제안한다. 배럿은 정서가 미리 정해진 생물학적 범주가 아니라, 뇌가 과거 경험, 문화적 개념, 현재의 감각 정보 등을 종합하여 능동적으로 구성해 내는 현상이라고 역설한다. 뇌는 끊임없이 변화하는 신체의 내부 상태와 외부 세계의 감각 입력을 예측하고 해석하여 상황에 맞는 정서적 의미를 부여한다. 이러한 과정에서 언어와 사회적 학습은 개인이 정서 개념을 형성하고 자신의 감각 경험을 특정한 정서로 분류하는 데 중요한 역할을 한다. 그의 이론에 따르면, 뇌의 주요 기능 중 하나는 신체의 시스템을 조율하고 조절하는 것이며, 이는 예측 코딩 메커니즘을 통해 이루어진다. 뇌는 과거 경험을 바탕으로 현재 상황을 예측하고,

예측과 실제 감각 입력 간의 불일치 즉, 예측 오류를 최소화하는 방향으로 내부 모델을 업데이트한다. 이때, 정서는 이러한 예측 과정의 결과물로, 뇌가 현재의 신체 상태와 상황을 가장 잘 설명하는 개념을 선택하고 적용하는 과정인 것이다(Barrett, 2017). 따라서 동일한 생리적 변화가 다양한 인지적 맥락에서 기쁨, 분노, 질투 등 서로 다른 정서로 경험될 수 있으며, 이는 정서가 상황에 따라 기능적으로 구성되는 역동적인 과정임을 시사한다.

정서의 다면적 구성

정서는 단일한 과정이 아니라 다양한 하위 구성 요소로 이루어져 있으며, 이는 분산된 피질 및 피질하 회로망 내에 구현된다(Davidson, 2003). 이러한 관점에서 정서는 단일하고 획일적인 반응으로 이해되기보다는, 동일한 물리적 특성을 가진 자극조차 뇌의 광범위한 피질하 및 피질 영역을 다르게 활성화하는 복합적이고 맥락 의존적인 과정으로 간주되어야 한다. 정서 처리와 관련된 피질의 활성 변화는 종종 피질하 구조로부터의 입력에 의해 조정되는 것으로 해석된다. 병변 연구와 신경 영상 데이터를 통합하여 인간 뇌에서 긍정적 및 부정적 정서를 조절하는 회로가 규명되었으며, 이 회로의 핵심 구성 요소로는 전전두엽 피질과 편도체가 강조된다(Fridman, et al., 2019).

정서는 승진, 재산 피해, 출산, 가족 · 친지의 사망 등 삶의 주요 사건마다 부각되며, 인간에게 가장 강렬하고 주목할 만한 심리적 현상 중 하나로 제시된다. 기쁨이나 자부심은 보다 적극적인 노력과 책임감을 불러일으키고, 분노나 슬픔은 부정적 상황에 대처하고 스스로 위안을 찾도록 유도한다. 이는 정서가 단순한 반응을 넘어 행동의 동인을 제공하고, 목표 지향적 행동을 구조화한다는 점을 보여 준다. 개인의 주관적 안녕, 신체 건강, 사회적 기능, 문제 해결 능력 등 다양한 영역에 정서가 중대한 영향을 미침에도, 심리학 역사에서 정서는 한동안 충분한 주목을 받지 못해 왔다. 학자들과 일반인 모두 정서가 인간 삶에서 차지하는 중요성을 인식하고 있지만, 정서에 대한 과학적 이해를 심화하고자 하는 노력은 여전히 과제로 남아 있다(Lazarus, 1991).

정서 신경 회로망: 정서 처리에 관여하는 주요 뇌 영역

전전두엽 피질은 정서 작업 기억에서 중요한 역할을 한

다. 전내측 전전두엽 피질(medial prefrontal cortex, MPFC)은 긍정적 및 부정적 정서 상태의 표상과 처리에 중요하게 관여하며, 특히 배측 MPFC는 정서적 작업 기억 처리에 더 활성화된다. 반면 배외측 전전두엽 피질(dorsolateral prefrontal cortex, DLPFC)은 정서 자극의 정서가(valence) 조절과 정서적 체험의 인지적 통제에 관여하여, 정서와 인지의 통합에 중요한 역할을 한다(Ochsner & Gross, 2005; Etkin et al., 2011; Kanske & Kotz, 2011). 또한 복측 선조체(ventral striatum), 전방 대상피질(anterior cingulate cortex, ACC), 섬엽 피질(insular cortex)도 정서 처리에 고유한 기여를 한다(Davidson & Irwin, 1999). 편도체는 정서 단서의 지각과 정서 반응 생성 모두에 핵심적 역할을 하는 것으로 일관되게 밝혀졌으며, 특히 공포와 관련한 부정 정서(negative affect)에 관여한다는 증거도 존재한다. 편도체 활성에서 나타나는 개인차는 기질적 정서 양식 및 부정 자극에 대한 반응성 증가와 연관되어 있다(Morris, et al., 1996; Davidson & Irwin, 1999).

기능성 자기공명영상(fMRI) 연구에 따르면, 공포 표정을 제시했을 때 편도체의 활동이 행복 표정에 비해 통계적으로 유의미하게 높게 나타났으며, 이는 편도체가 공포 정서를 처리하는 데 중요한 역할을 한다는 점을 시사한다(Morris et al., 1996). 특히, 리처드 데이비슨(Richard Davidson)과 연구자들은 인지 처리와 정서 처리 간의 회로망 중첩을 강조한다(Davidson et al., 2000). 이는 정서가 순수하게 독립적인 신경 회로에서만 발생하는 것이 아니라, 인지 기능과 밀접하게 연관되어 작동함을 시사한다. 더욱이, 감정적인 반응은 매우 빠르고 노력 없이 개인, 사물, 사건을 긍정적이거나 부정적으로 분류하는 자동적인 과정을 포함한다. 이러한 자동적인 정서 처리는 리처드 라자루스(Richard Lazarus)가 제시한 일차적 평가 개념과 일치하며(Lazarus, 1991), 환경적 특징에 대한 자동적인 평가와도 맥락을 같이한다(Bargh et al., 1990).

다양한 뇌 영역들이 정서 처리 과정에서 특유의 역할을 수행한다. 기저핵(basal ganglia, BG)은 습관적인 인지와 행동과 관련되어 있으며, 특히 긍정적인 정서에서 특별한 역할을 한다. 기저핵 손상은 얼굴 표정이나 목소리 톤을 통한 감정 인식 장애를 유발할 수 있으며, 시간 경과에 따른 목소리 톤 변화, 통합을 요구하는 운율 인식 능력 손상과 관련된다. 반면, 편도체 손상은 주로 공포와 관련된 얼굴 표정 인식에 특이적인 손상을 초래한다.

인간 병변 연구에서 양측 편도체 손상이 공포 표정 인식을 저해하는 것으로 보고되었다(Adolphs et al., 1994). 이들 연구가 보여 주는 바와 같이, 감정은 단순히 편도체, 선조체 등의 하위 구조만의 결과물이 아니라, 인지적 평가 메커니즘과 긴밀히 결합된 현상이다.

참고문헌

Adolphs, R., et al.(1994). Impaired recognition of emotion in facial expressions following bilateral damage to the human amygdala. *Nature, 372*(6507), pp.669~672.

Bargh, J. A., et al.(1992). The generality of the automatic attitude activation effect. *Journal of personality and social psychology, 62*(6), pp. 893~912.

Barrett, L. F.(2017). The theory of constructed emotion: An active inference account of interoception and categorization. *Social cognitive and affective neuroscience, 12*(1), pp.1~23.

Cannon, W. B.(1987). The James–Lange theory of emotions: A critical examination and an alternative theory. *The American journal of psychology, 100*(3/4), pp.567~586.

Dalgleish, T., et al.(2009). Affective neuroscience: Past, present, and future. *Emotion review, 1*(4), pp.355~368.

Davidson, R. J. & Irwin, W.(1999). The functional neuroanatomy of emotion and affective style. *Trends in cognitive sciences, 3*(1), pp.11~21.
https://doi.org/10.1016/S1364-6613(98)01265-0

Davidson, R. J., et al.(2000). Emotion, plasticity, context, and regulation: Perspectives from affective neuroscience. *Psychological bulletin, 126*(6), pp.890~909.

Davidson, R. J.(2003). Seven sins in the study of emotion: Correctives from affective neuroscience. *Brain and cognition, 52*(1), pp.129~132.

Dror, O. E.(2001). Techniques of the brain and the paradox of emotions, 1880-1930. *Science in context, 14*(4), pp.643~660.

Etkin, A., et al.(2011). Emotional processing in anterior cingulate and medial prefrontal cortex. *Trends in cognitive sciences, 15*(2), pp.85~93.

Fridman, J., et al.(2019). Applying the theory of constructed emotion to police decision making. *Frontiers in psychology, 10*, p.1946.

James, W.(1884). What is emotion?. *Mind, 9*, pp.188~205.

Kanske, P. & Kotz, S. A.(2011). Emotion speeds up conflict resolution: A new role for the ventral anterior cingulate cortex?. *Cerebral Cortex, 21*(4), pp.911~919.

Lazarus, R. S.(1991). *Emotion and adaptation*. Oxford University Press.

Morris, J. S., et al.(1996). A differential neural response in the human amygdala to fearful and happy facial expressions. *Nature, 383*(6603), pp.812~815.

Ochsner, K. N. & Gross, J. J.(2005). The cognitive control of emotion. *Trends in cognitive sciences, 9*(5), pp.242~249.

Panksepp, J.(2004). *Affective neuroscience: The foundations of human and animal emotions*. Oxford university press.

Roxo, M. R., et al.(2011). The limbic system conception and its historical evolution. *The scientific world journal, 11*(1), pp.2427~2440.

02
정서, 감정의 철학적 고찰

인간 정서와 퀄리아는 단순한 정보 처리 이상의 주관적 경험으로 객관적 설명이 불가능한 의식의 난제(hard problem)를 드러낸다. 프랭크 잭슨의 메리 사고 실험처럼 모든 물리적 지식을 갖추어도 실제 경험의 '무엇이 되면 어떤 느낌인가'를 온전히 포착하지 못할 수 있다. 인공지능이 감정이나 의식을 모사하더라도 이를 실제로 '느낀다'라고 보기 어렵기에 AI가 보이는 감정적 행동과 실제 인간의 정서를 명확히 구분해야 한다.

AI와 MBTI?

퀄리아와 정서: 주관적 경험의 철학

인간 정서에 대한 이해는 오랜 역사 속에서 철학, 생물학, 심리학, 교육학, 뇌 신경과학, 정신건강의학 등 다양한 학문 분야에서 폭넓게 논의되어 왔다. 철학사적으로 살펴보면, 고대 그리스의 아리스토텔레스는 정서를 윤리적 판단 및 행동 동기 부여와 밀접하게 관련된 요소로 보았다. 그는 《니코마코스 윤리학(Nicomachean Ethics)》에서 정서가 단순히 이성에 의해 통제되어야 하는 대상이 아니라, 윤리적 판단과 행동의 동기 부여와 밀접하게 연결되어 있다고 보았다. 그는 미덕(virtue)이란 적절한 정서와 행동을 습관적으로 실천하는 성품이라고 정의하며, 정서가 이성의 지도를 받아야 한다고 설명한다. 즉, 정서는 개인의 미덕과 윤리적 실천을 이끄는 중요한 원동력이라고 보았다(Crisp, 2014).

르네 데카르트(Rene Descartes)는 몸과 마음의 상호작용을 중시하며, 정서를 영혼과 신체가 결합하여 생기는 정신 현상으로 이해했다. 《영혼의 열정(Les Passions de l'Ame, The Passions of the Soul)》에서 데카르트는 정서가 이성과 대립하기보다는 합리적 사고를 수행하는 데 중요한 신호를 제공한다는 점을 강조했다(Descartes, 1649/1989; Gut, 2018).

현대 뇌 신경과학자 안토니오 다마지오(Antonio Damasio) 역시 정서가 합리적 판단 및 의사 결정 과정에 핵심적인 역할을 한다고 주장하면서, 데카르트의 이분법적 사고를 비판적으로 계승하기도 했다. 그는《데카르트의 오류(Descartes' Error: Emotion, Reason, and the Human Brain)》(1994)에서 감정과 이성이 서로 대립하는 것이 아니라, 감정이 합리적 판단과 의사 결정 과정에 필수적인 역할을 한다고 주장했다. 그는 '신체표지 가설(somatic marker hypothesis)'을 제시하면서, 감정이 의사 결정에서 중요한 신호로 작용함을 실험적, 임상적으로 뒷받침한다. 그의 가설에 따르면, 전전두피질의 특정 영역이 감정 및 느낌과 관련한 신호인 '표지'를 생성하여 다양한 수준에서 자극에 대한 반응에 영향을 미친다(Damasio, 1994; Damasio, 1996). 데이비드 흄(David Hume)은《인간 본성에 관한 논고(A Treatise of Human Nature)》(1738)에서 인간의 인식과 도덕 판단이 궁극적으로 '열정(passions)'에서 비롯된다고 강조했다. 그는 이성이 사실을 인식하는 도구 역할을 하지만, 정서적 측면이야말로 행동의 실제 동기가 된다고 보았다. 그의 "이성은 정념의 노예이며, 오직 그래야만 한다(Reason is, and ought only to be the slave of the passions)"라는 문장이 이를 잘 대변한다(Hume, 1739/2000). 이러한 관점은 현대 심리학의 '정서가 행동의 원동력'이라는 하이트(Jonathan Haidt)의 주장과도 맞닿아 있으며(Haidt, 2001), 도덕 정서주의/감정주의(moral sentimentalism)로 이어지는 철학적 전통을 형성하는 데 중요한 기여를 하였다(Radcliffe, 1999).

한편, 버트런드 러셀(Bertrand Russell)은 정서가 행복의 근원이며, 인간의 삶을 풍부하게 만드는 심리적 자원이라고 보았다. 《행복의 정복(The Conquest of Happiness)》에서 그는 과도한 공포나 분노와 같은 부정적 정서가 이성적 판단을 훼손할 수 있다고 지적하면서도, 적절한 정서는 개인의 행복과 삶의 의미를 찾는 데 결정적 역할을 한다고 주장했다(Russell, 1930/2015). 이는 정서를 단순히 제어 대상이 아니라, 인간다운 삶을 영위하기 위한 핵심 동력으로 보는 현대적 시각과 일맥상통한다.

인간은 외부 자극이나 내부 상태에 대한 정서(情緒)와 감정(感情)을 느끼는데, 이는 단순한 정보 처리 과정을 넘어선 주관적 경험의 영역을 포함한다. 이러한 경험의 질적 측면을 설명하기 위한 핵심 개념이 퀄리아다. 퀄리아는 경험의 질적, 주관적 특성을 가리키는 핵심 개념으로 물리적, 신경적 정보 처리 과정만으로는 이 특성들이 어떻게 발생하는지 설명할 수 없다는 문제 즉, 의식의 어려운 문제(hard problem of consciousness)를 드러낸다. 이 어려운 문제와 감각 신호 전환 및 정보 처리를 다루는 쉬운 문제(easy problems)를 차머스는 1995년 논문에서 명확히 구분하며 논의했다(Chalmers, 1995b).

심리학 및 신경과학은 색깔 자극이 어떻게 시신경을 활성화하고, 관련 뇌 영역에서 어떻게 신호 처리를 하는지 기술할 수 있지만, '빨강을 보는 주관적 감정'이 실제로 어떻게 발생하고 왜 그런 현상적 특성을 지니는지는 아직 설명하기 어렵다. 토머스 네이글(Thomas Nagel)은 《박쥐가 된다는 것은 어떤 것일까(What Is It Like to Be a Bat)?》에서 의식의 주관적인 성격과 그것이 물리주의적 관점에서 어떻게 이해될 수 있는지에 대한 철학적 논의를 담았다. 그는 경험의 질적 특성을 객관적인 과학적 방법으로는 포착하기 어렵다고 주장한다(Nagel, 1980).

다시 말해, 자연과학적 방법론은 두뇌 활동, 호르몬 변동 등과 같은 특정 물리학적, 생리학적 지표를 측정함으로써 감정 상태의 일부를 파악할 수 있다. 그러나 감정의 '정확한 질감(qualitative feel)'은 객관화가 불가능하기에, 왜 특정 뇌 신호가 주관적 감정으로 이어지는가라는 의식의 어려운 문제가 남는다(Chalmers, 1995a). 가장 어려운 생물학적 질문은 뇌의 전기화학적 신경 활동이 빨강의 붉음이나 고통의 고통스러움과 같은 주관적인 의식 경험을 어떻게 그리고 왜 생성하는가다. 신경과학자들은 망막에 부딪히는 빛이 어떻게 전기적 펄스(신경 세포 스파이크) 즉, 광전류라는 전기적 신호로 변환되어(Baylor et al., 1987) 망막 신경절 세포를 통해 시상핵(lateral geniculate nucleus)으로 전달되고(Guillery & Sherman, 2002) 시각 시상을 거쳐 시각 피실에 도달하여 최종적으로 언어 관련 영역 내의 활동으로 이어져 우리가 '빨강'이라고 말하게 되는지를 추적한다. 그러나 빨강의 붉음과 같은 경험이 감각 정보 처리로부터 어떻게 발생하는지는 완전히 해명되지 않았다. 이와 같은 퀄리아에 대한 철학적 고찰은, 인간의 정서, 감정을 순수한 정보 처리 모델로 환원하기 어려운 이유를 제시한다. 이는 곧, AI가 인간의 감정을 모방할 때 어떤 '주관적 느낌'을 실제로 획득할 수 있는가라는 물음으로 이어진다.

인공지능의 정서 모방 가능성과 기능·현상 구분

감성 컴퓨팅은 생체 신호, 표정, 음성 등을 분석하여 AI가 인간 감정을 '인식'하고 '표현'하도록 설계한다(Picard, 2000). 그러나 이는 외부 입력에 대한 기계적 대응이며, 주관적 느낌을 생성하는 것과는 구별된다. 인지 과학에서는 정서를 '기능적 역할'과 '현상적 느낌'으로 구분한다(Damasio, 1999). AI는 위험 감지나 사용자 의도 파악 등 기능적 정서를 모방할 수 있으나, 실제로 두려움과 같은 정서 자체를 느끼는 것은 아니다(Sloman & Chrisley, 2003).

예컨대, 비상 상황에서 자율주행 자동차의 자동 제동이 '공포 대응'처럼 보일 수 있지만, 이는 단지 알고리즘적 응답이지 감정의 질적 경험이 아니다. 또한 다마지오의 신체표지 가설에 따르면, 감정은 신체적 상태와 밀접히 연관되며, 이러한 체화된 인지(embodied cognition) 없이는 진정한 정서 경험이 성립하기 어렵다(Damasio, 1994). 따라서 AI 정서 연구는 기능적 재현에 머무를 수밖에 없으며, 현상적 경험 재현을 목표로 삼는 것은 현재로서는 철학적으로 논리적 타당성이 결여되어 있다고 할 수 있다.

퀄리아 논증을 통한 윤리적 고찰

인간의 윤리적 직관과 감정적 경험이 AI에 적용될 수 있는가 하는 질문은 최근 급격한 기술 발전과 함께 더욱 중요한 화두로 떠오르고 있다. 현재 인공지능은 인간의 정서를 모방하고 모사하는 데 상당한 진전을 보이고 있다. 예컨대, 딥 러닝 모델이나 대규모 언어 모델은 인간의 얼굴 표정 인식, 자연어 처리 등을 통해 '감정적인 반응'에 가까운 출력을 생성할 수 있다. 하지만 이는 어디까지나 계산 알고리즘을 통해 산출된 결과일 뿐, 실제로 '감정'을 느끼는 것과는 구별된다고 보는 견해가 지배적이다. 또한 언어 모델이 만들어 내는 출력이 겉보기에는 의미 이해나 사고를 한 것 같아 보여도, 사실은 통계적 패턴 학습의 결과일 뿐 '진정한 의미 이해'와는 다르다 (Bender & Koller, 2020).

이처럼 AI가 감정을 '표현'할 수 있더라도, 그것이 곧 인간과 유사한 퀄리아를 가진다는 의미는 아니다. 왜냐하면 퀄리아는 주관적이고 내면적인 '경험' 그 자체를 가리키기 때문이다. AI가 만약 윤리적 판단과 감정 반응을 모방한다고 해도, 그 이면에 인간이 느끼는 고유한 '어떠한 것 같은 느낌(what it is like)'이 존재하지 않는다면, 이는 진정한 의미의 감정 경험으로 보기 어렵다. '철학적 좀비(philosophical zombie)'는 겉보기에는 인간과 동일하게 사고하고 행동하는 것처럼 보이지만, 실제로는 어떠한 주관적 경험도 결여된 존재를 말한다. 이는 모든 인지와 행동 기능을 수행하나 주관적 경험이 전혀 없는 가상의 존재로, 퀄리아 없는 행동이 이론적으로 가능함을 보여 준다(Chalmers, 1997). 이 사고 실험은 AI가 인간과 동일한 행동과 언어 반응을 모방하더라도, 내부적 감정 경험은 발생하지 않음을 강조한다.

프랭크 잭슨(Frank J. Jackson)의 '지식 논증(knowledge argument)' 또한 물리적 정보만으로는 퀄리아를 설명할 수 없음을 주장하며, AI가 모든 물리적 입력을 처리해도 주관적 느낌은 포착할 수 없다고 본다(Jackson, 1982/1998). 그의 논문 "부수현상적 퀄리아(Epiphenomenal Qualia)"에서 제시한 지식 논증은, 메리라는 인물을 예시로 들어 오직 물리적, 과학적 정보만으로는 주관적 경험이나 감각질인 퀄리아를 완전히 설명할 수 없다고 주장한다. 즉, 메리가 빛의 파장, 망막 세포 반응 등과 같은 색에 관한 모든 물리적 사실을 알고 있어도, 실제로 색을 처음 볼 때 얻는 '무엇이 되면 어떤 느낌인가(What it is like)'라는 경험적 지식은 그 전의 물리적 지식으로는 결코 대체될 수 없다(Jackson, 1982/1998).

이 논증을 AI 문제에 적용하면, AI가 모든 물리적, 기능적 입력을 처리한다고 해도 결국 '주관적 느낌'이 동반되지 않을 수 있다는 해석으로 이어진다. 이러한 철학적 논의는 AI 정서 모방의 한계를 분명히 드러내며, 기계에 감정적 책임이나 권리를 부여할 때 고려해야 할 윤리적 함의를 제시한다. 그럼에도 이와 같은 인식이 곧 AI의 윤리적, 사회적 책임과 영향을 전면적으로 부정하는 것이라고 단정하기는 어렵다. 오히려 AI가 감정을 '느끼지' 못하더라도, 그 출력과 반응이 인간 사회에 미치는 영향은 매우 클 수 있다.

따라서 우리는 AI가 수행하는 '감정적 판단'이 실제 인간 감정과 다르다는 점을 분명히 인식하되, 그 결과물과 사회적 파급 효과에 대한 윤리적, 법적 규범을 마련해야 한다. 이는 인간의 감정과 의식 구조에 대한 철학적 이해가 인공지능 연구와 결합될 때, 보다 풍부한 통찰과 책임 있는 기술 활용 방안을 모색할 수 있음을 시사한다. AI 윤리 논의에서는 감정 모방과 진정한 정서 경험을 명확히 구분하고, AI 로봇이나 OS 등에 대한 과도한 감정 이입을 경계해야 한다.

참고문헌

Baylor, D. A., et al.(1987). Spectral sensitivity of cones of the monkey Macaca fascicularis. *The journal of physiology,*

390(1), pp.145~160.

Bender, E. M. & Koller, A.(2020). Climbing towards NLU: On meaning, form, and understanding in the age of data. *Proceedings of the 58th annual meeting of the association for computational linguistics*, pp.5185~5198.

Chalmers, D. J.(1995a). Absent qualia, fading qualia, dancing qualia. *Conscious experience*, pp.309~328.

Chalmers, D. J.(1995b). Facing up to the problem of consciousness. *Journal of consciousness studies, 2*(3), pp.200~219.

Chalmers, D. J.(1997). *The conscious mind: In search of a fundamental theory*. Oxford University Press

Crisp, R.(Ed.).(2014). *Aristotle: Nicomachean ethics*. Cambridge University Press.

Damasio, A. R.(1994). *Descartes' error: Emotion, reason, and the human brain*. Grosset/Putnam.

Damasio, A. R.(1996). The somatic marker hypothesis and the possible functions of the prefrontal cortex. *Philosophical transactions of the royal society of london. Series B: Biological sciences, 351*(1346), pp.1413~1420.

Damasio, A. R.(1999). *The feeling of what happens: Body and emotion in the making of consciousness*. Houghton Mifflin Harcourt.

Descartes, R. (1649/1989). *The passions of the soul* (S. Voss, Trans.). Hackett Publishing Company. (Original work published 1649)

Guillery, R. W. & Sherman, S. M.(2002). Thalamic relay functions and their role in corticocortical communication: Generalizations from the visual system. *Neuron, 33*(2), pp.163~175.

Gut, P.(2018). The cartesian theory of emotions and early modern philosophy. *Ruch filozoficzny, 74*(3), pp.119~140.

Haidt, J.(2001). The emotional dog and its rational tail: A social intuitionist approach to moral judgment. *Psychological review, 108*(4), p.814.

Hume, D.(1739/2000). *A treatise of human nature.* In Selby-Bigge, L. A. & Nidditch, P. H.(eds.). Oxford University Press.

Jackson, F.(1982/1998). Epiphenomenal qualia. In Toribio, J & Clark, A.(eds.). Consciousness and emotion in cognitive science, pp.197~206. Routledge.

Kanai, R. & Tsuchiya, N.(2012). Qualia. *Current biology, 22*(10), pp.R392~R396.

Nagel, T.(1980). What is it like to be a bat?. *The language and thought series, 1*, pp.159~168. Harvard University Press.

Picard, R. W.(2000). *Affective computing.* MIT press.

Radcliffe, E. S.(1999). Hume on the generation of motives: Why beliefs alone never motivate. *Hume Studies, 25*(1), pp.101~122.

Russell, B.(1930/2015). *The conquest of happiness.* Routledge.

Sloman, A. & Chrisley, R.(2003). Virtual machines and consciousness. *Journal of consciousness studies, 10*(4-5), pp.133~172.

03
도덕적 판단과 정서 및 감정

칸트는 이성적 숙고와 자율적 법칙 제정을 통해 도덕 판단이 이루어진다고 보았으나, 흄은 감정과 공감이 도덕 판단의 핵심 동력임을 강조했다. 그린의 이중 과정 이론과 하이트의 사회적 직관주의 이론은 이성과 정서의 상호작용이 도덕 판단의 실제 과정을 잘 설명한다고 주장한다. 이는 AI 윤리에도 시사점을 주어, 단순 논리 연산에만 치우친 시스템보다는 정서적 · 맥락적 판단 요소를 고려해야 함을 시사한다.

AI와 난임 극복?

철학적 시각: 이성적 판단과 정서적 반응의 조화

도덕 판단의 본질에 대해서는 오랫동안 철학적 논쟁이 지속되어 왔다. 그 중심에는 이성적 사고와 정서 및 감정이라는 두 가지 주요 요소의 상대적 중요성에 대한 질문이 자리 잡고 있다. 일부 철학자들은 도덕 판단의 핵심을 이성적 추론에서 찾는다. 서구 근대 윤리학 전통에서 도덕 판단과 관련하여 이성적 사고의 중요성을 강조하는 대표적인 철학적 관점은 이마누엘 칸트(Immanuel Kant)의 의무론이다. 그는 도덕적 판단이 합리적 숙고와 이성적 자율성에 기초해야 한다고 주장함으로써, 이후의 도덕철학 논의에 깊은 영향을 미쳤다(Kant, 1785/2012).

칸트는 도덕적 가치는 행위의 결과가 아니라 행위 자체의 의무 준수 여부라고 보았으며, 정언 명법이라는 보편적 도덕 법칙을 통해 우리의 도덕적 의무를 정립해야 한다고 주장했다. 그에 따르면, 도덕적 판단은 이성적 사고를 통해 도덕 법칙을 인식하고, 이러한 의무감에 따라 행위를 결정하는 과정이다. 그는 감정을 변덕스럽고 주관적인 것으로 간주하여 도덕 판단에 방해가 되는 요소로 여겼다(Kranak, 2019).

칸트는 "오직 네가 동시에 그것이 보편 법칙이 되기를 바라는 준칙에 따라서 행동하라"고 주장했다. 이 과정에서 도덕적 판단은 감정이나 결과가 아니라, 이성적 숙고와 자율적 법칙 제정 능력에 의해 이루어진다. 또한 칸트는 인간의 도덕적 자율성 개념을 강조하는데 이는 각 개인이 도덕법칙의 저자임을 의미한다(Dean, 2006). 칸트의 도덕철학에서 도덕적 판단은 행위의 결과가 아니라 행위자의 동기와 준칙(행동 원칙)에 따라 평가된다. 도덕적 판단은 합리적 숙고와 자율적 의지에 기반하며, 각 개인이 자신의 준칙이 모두에게 적용될 수 있는 보편적 법칙이 될 수 있는지를 이성적으로 판단해야 한다는 점에서 합리성과 인지적 숙고가 중심적 역할을 한다. 칸트의 의무론은 보편적인 도덕 원칙을 제시하고 도덕적 의무를 강조한다는 점에서 높이 평가받지만, 도덕적 동기를 설명하는 데 어려움이 있다는 비판도 존재한다(McCarty, 1993). 칸트의 의무론은 도덕 판단의 객관성과 보편성을 확보하려는 강력한 시도였으나, 현실 세계의 복잡한 도덕적 딜레마를 해결하는 데 어려움을 겪을 수 있다. 특히 감정의 역할을 완전히 배제하는 것은 인간의 도덕적 경험과 괴리될 수 있다는 비판이 제기된다.

이러한 견해와는 달리, 다른 학자들은 정서와 감정이 도덕적 직관과 결정에 더 중요한 영향을 미친다고 주장한다. 데이비드 흄을 비롯한 정서·직관주의 전통도 존재하며, 근래에는 정서와 인지의 상호작용을 강조하는 도덕심리학 연구가 활발히 진행되고 있다(Haidt, 2001).

도덕 판단에서 정서와 감정의 중요성을 강조하는 대표적인 철학적 관점은 18세기 영국을 중심으로 발전한 정서주의 윤리학이다. 특히 흄은 도덕적 승인이나 비난과 같은 도덕적 판단이 이성적 추론의 결과가 아니라, 특정한 종류의 쾌락이나 불쾌감과 같은 감정에서 비롯된다고 주장했다(Chamberlain, 2020). 그에 따르면, 어떤 행위나 성격이 도덕적으로 옳거나 그른 이유는 그것을 바라볼 때 특정한 종류의 쾌락이나 불편함이 느껴지기 때문이다. 이러한 감정은 인간이 타인의 감정을 공유하고 이해하는 능력인 공감(sympathy)을 통해 발생하며, 우리는 이 공감을 바탕으로 타인의 행위에 대한 도덕적 판단을 내리게 된다. 흄은 도덕적 판단이 근본적으로 주관적인 감정적 반응에 기반하고 있지만, 사회적 상호작용과 대화를 통해 편향을 교정하고 공통의 관점을 지향함으로써 어느 정도의 객관성을 확보할 수 있다고 보았다(Driver, 2004).

《인간 본성에 관한 논고》에서 흄은 "이성은 오직 정념(情念)의 노예일 뿐이며, 그 외의 어떤 역할도 주장해서는 안 되며, 다만 정념을 섬기고 복종해야 한다(Reason is, and ought only to be the slave of the passions, and can never pretend to any other office than to serve and obey them)"라고 했다(Hume, 1739/2000). 이성에 기반하지 않은 그의 윤리 이론은 많은 논의를 불러일으켰다. 그의 정서주의 윤리학은 도덕적 행위의 동기를 설명하는 데 강점을 가지지만, 도덕적 객관성과 보편성을 확보하는 데 어려움이 있다는 비판을 받기도 한다(Nwoye, 2018).

흄은 당시 주류였던 이성 중심 윤리학에 근본적인 도전을 제시했으며, 그의 주장은 이후 도덕 심리학을 포함한 다양한 분야에 큰 영향을 미쳤다. 최근 도덕 판단 과정에서 전통적인 이성 중심 접근 방식과 대비되는 정서의 역할이 강조되고 있다. 조슈아 그린(Joshua Greene)과 동료 연구자들은 도덕 판단에 대한 '이중 과정 이론(dual-process theory)'을 제안하고 이를 지지하는 연구 결과를 발표했다. 그린의 이중 과정 이론에 따르면, 의무론적 도덕 판단은 자동적이고 정서적인 반응에 의해 주로 유발되며, 공리주의적 도덕 판단은 통제된 인지 과정에 의해 주도된다. 그의 연구에 따르면, 특정 유형의 도덕적 딜레마 즉, 인격적 딜레마는 현저하고 자동적인 정서적 반응을 유발하는 경향이 있으며, 이러한 반응은 행위의 부적절함과 같은 특정 판단과 빠르게 연결된다. 그러나 이러한 자동적 정서 반응과 상반되는 판단을 내릴 때에는 더 긴 반응 시간을 보이는 간섭 효과가 나타나는데, 이는 초기 정서 반응을 수정하거나 극복하는 데 통제된 인지 과정의 개입이 필요함을 시사한다(Greene et al., 2001; Greene, 2009). 이러한 이론은 도덕적 판단이 단순히 합리적 계산의 결과물이 아니라, 상황적 · 맥락적 요소와 긴밀히 결합된 정서적 반응의 영향 아래 이루어짐을 시사한다.

조너선 하이트(Jonathan Haidt)의 '사회적 직관주의(social intuitionist)' 이론 또한 도덕적 판단에 대한 정서적 · 직관적 기반의 중요성을 강조한다. 하이트에 따르면, 사람들은 특정 상황에서 즉각적으로 '올바름' 혹은 '잘못됨'에 대한 직관적 판단을 내린 뒤에, 이를 뒷받침하기 위한 사후적 이성적 설명을 구사한다. 이때 정서의 역할은 단순한 판단 보조가 아니라, 판단 자체의 출발점이 되며, 이후 사회적 상호작용을 통해 판단이 강화되거나 수정될 수 있다(Haidt, 2001; 박형빈, 2021).

정서에 기초한 도덕적 판단 이론들은 AI 윤리에 중요한 시사점을 제공한다. 기존의 AI 시스템은 주로 논리적 · 합리적 추론에 기반을 두었지만, 실존적 · 맥락적 판단이 요구되는 상황에서는 정서적 요소의 결핍으로 인해 인간의 도덕 감수성에 부합하지 못할 가능성이 제기된다. 따라서 AI의 의사 결정 과정에 인간의 정서적 판단 기제를 적절히 모방하거나 참고하도록 설계하는 방안이 논의되고 있다.

신경과학적 접근: 정서적 기제와 AI 의사 결정 적용 가능성

최근 인지 신경과학 연구는 도덕 판단 및 사회적 의사 결정을 구현하기 위해 상호작용하는 분산된 신경망의 실체를 점차 드러내고 있다. 여기에는 보상 학습, 가치 평가, 마음 상태 이해, 현저성 처리 시스템 등이 포함된다. 이 과정들은 도덕성의 근본적인 요소이며, 이러한 신경기제는 공감(empathy), 배려(caring), 정의 민감성(justice sensitivity)과 같은 개인적 차이에 따라 영향을 받는다. 뇌 신경과학 연구는 도덕 판단과 관련한 다양한 뇌 영역과 그 기능을 밝혀냈다. 대표적으로 전전두피질은 도덕적 추론, 계획, 충동 조절 등과 관련이 있으며(Yoder &

Decety, 2018), 편도체는 공포, 분노와 같은 기본 정서 처리 및 도덕적 위반에 대한 자동적 반응에 관여한다. 특히 대인 간 유해 상황에서 발생하는 죄책감과 타인에 대한 분노는 편도체의 사회적 위협 탐지 기능과 밀접하게 연결된다(Kedia et al., 2008). 섬엽은 혐오감과 같은 특정 감정을 처리하고(Wicker et al., 2003), 타인의 감정을 이해하는 공감 능력과도 관련이 있다(Singer et al., 2004). 다양한 연구는 감정적 자극이 도덕 판단에 상당한 영향을 미친다는 것을 보여 준다. 예를 들어, 특정 감정은 특정 유형의 도덕 판단과 더 강하게 연관될 수 있다. 혐오감은 도덕적 순수성 위반에 대한 판단을 강화하는 경향이 있으며, 분노는 불공정함에 대한 판단과 관련될 수 있다(Sanfey et al., 2003).

또한, 그린의 이중 과정 모형(dual-process model)을 지지하는 신경과학적 증거들은 자동적이고 감정적인 처리 과정과 숙고적이고 인지적인 처리 과정이 도덕 판단에 서로 다른 방식으로 기여한다는 것을 보여 준다. 신경과학 연구는 도덕 판단이 순전히 이성적인 과정이 아니라, 감정과 밀접하게 관련된 뇌 활동을 수반한다는 것을 실증적으로 보여 주며, 이는 철학적 논의에서 정서의 중요성을 뒷받침하는 중요한 증거가 된다. 최근 신경과학 분야에서는 뇌 영역과 신경전달물질이 어떻게 도덕적 정서 · 감정과 연결되는지를 규명하고자 하는 연구가 활발히 진행되고 있다. 예컨대 편도체, 전전두피질, 안와전두피질 등이 공감, 죄책감, 그리고 분노 같은 다양한 도덕적 정서에 관여한다는 것이 밝혀졌다(Moll et al., 2002). 특정 뇌 영역 손상 환자 연구에서 도덕적 판단 능력에 이상이 발생하는 사례는 감정과 도덕 판단 사이의 연결성을 더욱 강력하게 시사한다. 예를 들면, 복내측 전전두피질(ventromedial prefrontal cortex, vmPFC)에 손상을 입은 환자들이 도덕적 딜레마 상황에서 비정상적인 판단을 내린다는 것을 보여 주었으며, 특히 이러한 환자들은 실제적이거나 현실적인 결과보다는 추론적이거나 추상적인 사건에 대한 정서적 반응을 유발하는 데 현저한 결함이 있음을 드러냈다(Young et al., 2010). 이러한 결과는 도덕적 판단이 단순한 '이성적' 활동이 아니라, '정서적 반응'과 밀접하게 연동된 복합적 활동임을 보여 준다.

참고문헌

박형빈(2021). "도덕철학과 도덕심리학에서 직관과 정서-그린 (J. Greene) 의 이중과정 모형과 하이트 (J. Haidt) 의 사회적 직관을 중심으로". ≪도덕윤리과교육≫, 72, 29~65쪽.
Chamberlain, J.(2020). Hume's emotivist theory of moral judgements. *European journal of philosophy, 28*(4), pp.1058~1072.
Dean, R.(2006). *The value of humanity in Kant's moral theory.* Clarendon Press.
Driver, J.(2004). Pleasure as the standard of virtue in Hume's moral philosophy. *Pacific philosophical quarterly, 85*(2), pp.173~194.
Greene, J. D., et al.(2001). An fMRI investigation of emotional engagement in moral judgment. *Science, 293*(5537), pp.2105~2108.
Greene, J. D.(2009). Dual-process morality and the personal/impersonal distinction: A reply to McGuire, Langdon, Coltheart, and Mackenzie. *Journal of experimental social psychology, 45*(3), pp.581~584.
Haidt, J.(2001). The emotional dog and its rational tail: a social intuitionist approach to moral judgment. *Psychological review, 108*(4), p.814.
Hume, D.(1739/2000). *A treatise of human nature.* In Selby-Bigge, L. A. & Nidditch, P. H.(eds.). Oxford University Press.
Kant, I.(1785/2012). *Groundwork for the Metaphysics of Morals* (M. Gregor & J. Timmermann, Eds. & Trans.). Cambridge University Press. (Original work published 1785)
Kedia, G., et al.(2008). An agent harms a victim: A functional magnetic resonance imaging study on specific moral emotions. *Journal of cognitive neuroscience, 20*(10), pp.1788~1798.

Kranak, J.(2019). Kantian deontology. In Matthews, G.(ed.). Introduction to philosophy: Ethics, pp.51~62. Rebus Community.

McCarty, R. R.(1993). Kantian moral motivation and the feeling of respect. *Journal of the history of philosophy, 31*(3), pp.421~435.

Moll, J., et al.(2002). The neural correlates of moral sensitivity: A functional magnetic resonance imaging investigation of basic and moral emotions. *Journal of neuroscience, 22*(7), pp.2730~2736.

Nwoye, L.(2018). A critique of Hume's ethical empiricism: Towards addressing ethical dilemmas in making moral choices. *GNOSI: An interdisciplinary journal of human theory and praxis, 1*(2), pp.9~14.

Sanfey, A. G., et al.(2003). The neural basis of economic decision-making in the ultimatum game. *Science, 300*(5626), pp.1755~1758.

Singer, T., et al.(2004). Empathy for pain involves the affective but not sensory components of pain. *Science, 303*(5661), pp.1157~1162.

Wicker, B., et al.(2003). Both of us disgusted in my insula: The common neural basis of seeing and feeling disgust. *Neuron, 40*(3), pp.655~664.

Wood, A. W.(1999). *Kant's ethical thought.* Cambridge University Press.

Yoder, K. J. & Decety, J.(2018). The neuroscience of morality and social decision-making. *Psychology, crime & law, 24*(3), pp.279~295.

Young, L., et al.(2010). Damage to ventromedial prefrontal cortex impairs judgment of harmful intent. *Neuron, 65*(6), pp.845~851.

04
정서 구성주의와 AI 도덕 판단 설계

에크만의 기본 감정 이론은 기쁨 · 분노 · 슬픔 · 공포 · 혐오 · 놀람 등 각각이 고유한 신경 · 생리 반응을 동반한다고 주장하지만, 배럿의 정서 구성주의는 감정을 고정된 범주가 아닌 순간순간 재구성되는 과정으로 본다. 구성주의 관점을 고려할 때, 인공지능이 인간의 정서를 구현하려면 텍스트 · 음성 · 환경 데이터를 종합하고 예측하는 과정을 통해 문화 · 상황별 감정을 유연하게 학습하도록 설계해야 한다.

AI와 사주?

배럿의 정서 구성주의: 감정의 동적 구축

폴 에크만(Paul Ekman)은 인간의 정서를 '기쁨(Happiness), 분노(Anger), 슬픔(Sadness), 공포(Fear), 혐오(Disgust), 놀람(Surprise)' 등의 기본 감정(basic emotions) 범주로 나누고, 각 감정이 고유한 얼굴 표정과 생리 반응을 수반한다고 주장했다. 이들은 보편적이며 자극에 따라 일관된 신경·생리 패턴으로 발현된다고 보았다. 그에게 정서는 기본적인 생존 과제를 다루는 데 적응적 가치를 통해 진화해 온 것으로 간주된다. 각 정서는 고유한 신호, 생리적 반응, 선행 사건과 같은 특징들을 가지고 있다. 또한 모든 정서는 공통적으로 급속한 발생, 짧은 지속 시간, 의도하지 않은 발현, 자동적 평가, 반응들 간의 일관성 등의 특성을 공유한다. 이러한 공통적이고 고유한 특성들은 진화 과정의 산물이며, 다른 정서 현상들과 특정 정서를 명확히 구별해 주는 기준이 된다(Ekman, 1992). 에크만의 소위 기본 감정 이론을 지지하는 연구자들은, 기쁨·분노·슬픔·공포·혐오·놀람 등의 정서 범주가 보편적이며 각각 고유한 얼굴 표정·생리 반응·신경기제를 가진다고 주장한다. 그의 기본 감정 이론은 상당히 많은 지지를 받아 왔으며 정서 심리학 분야에서 오랫동안 큰 영향력을 행사해 왔다. 특히, 얼굴 표정이나 생리 반응에서 대략적인 문화 간 유사성을 찾을 수 있다는 점은 여러 연구에서 여전히 확인된다. 그러나 최근 이를 둘러싼 논쟁과 비판도 적지 않으며 심리학 내에서도 다른 관점과 비판이 여전히 공존한다.

전통적 정서 이론이 정서를 보편적이고 고정된 범주로 보고 자극에 따른 일관된 신경 반응으로 설명한 반면, 최근의 비판과 대안 이론은 맥락적, 구성주의적 관점을 제시하고 있다. 이와 관련해서는 리사 배럿(Lisa Barrett) 등의 정서 구성주의(emotion constructionism) 이론을 생각할 수 있다. 이 이론은 정서가 고정된 신경 패턴이 아니라, 뇌가 개인의 신체 감각, 과거 경험, 사회 문화적 맥락을 종합하여 이를 능동적으로 재구성한다고 본다. 즉, '슬픔'을 느낀다고 해서 매번 동일한 생리 · 뇌 반응이 나타나는 것은 아니며, 얼굴 표정 역시 맥락과 학습에 따라 달라질 수 있다(Barrett, 2017a; Barrett, 2017b). 배럿의 정서 구성주의 이론에 따르면, 정서는 고정된 신경 패턴이 아니라 뇌가 신체 감각, 과거 경험 그리고 사회 문화적 맥락을 바탕으로 끊임없이 구성하는 과정이다(박형빈, 2024). 또한 문화권별, 개인별로 동일한 상황에서도 감정을 표현하는 방식 특히 얼굴 표정, 언어적 라벨 등에 차이가 많다는 연구들의 축적은 정해진 범주의 표정이 문화적으로 조절되거나 다르게 해석될 수 있음을 시사한다(Russell, 1994). 동일한 자극이라도 개인의 생리 상태와 문화적 배경에 따라 서로 다른 정서 경험으로 나타난다.

AI 감정 인식의 구성주의적 재해석: 가상적 맥락 기반 예측 모델

인공지능이 감정을 단순히 얼굴 표정이나 음성 · 생리 신호의 고정된 패턴으로 인식하는 접근 방식은 정서가 상황과 개인 경험에 따라 동적으로 구성된다는 구성주의 이론의 통찰을 반영하지 못한다. 구성주의 관점에서는 뇌가 신체 내부 신호, 과거 경험, 사회 문화적 맥락을 통합하여 순간순간의 정서 경험을 예측하고 구성한다. 이러한 이론적 토대를 바탕으로 인공지능 기반 정서 인식 시스템의 아키텍처 설계 및 알고리즘 구현 시 다음 요소들을 고려할 수 있다. 먼저, 맥락 통합 모델로 인공지능이 텍스트 · 음성 · 영상 등 다양한 입력 데이터뿐 아니라 장소, 시간, 다른 대화 흐름 등과 같은 사용자 환경을 고려하여 정서를 해석하도록 구안할 수 있다. 예컨대 동일한 웃음에도 유머, 당혹, 안도, 머쓱함 등 다중 의미가 존재함을 학습하고 구별할 수 있다. 다음으로 예측 기반 모델로 뇌가 예측-오차 최소화 과정을 통해 감정을 구성하듯, 인공지능도 베이지안(Bayesian) 추론이나 강화 학습 기반의 예측 네트워크를 활용해 상황 맥락에 맞는 정서 범주를 생성하도록 하는 것을 생각해 볼 수 있다. 마지막으로 개인화 학습으로 사용자마다 신체 반응 패턴과 문화적 라벨링이 다르므로, 인공지능이 각 개인의 경험 데이터에 맞춘 맞춤형 모델 업데이트를 수행하도록 개발할 수 있다. 이는 전통적 기본 정서(basic emotion) 분류 모델의 보편성 가정을 보완하는 접근이 될 것이다.

정서 구성주의에 바탕을 둔 AI 도덕 판단 시스템을 구안한다고 할 때, 감정을 '고정된 입력 → 카테고리화 → 판단'의 순차적 파이프라인으로 처리하지 않고 '맥락에 따른 동적 구성 과정'을 윤리적 의사 결정 루프에 통합한다. 이러한 예측 판단 프로세스는 감정 구성 예측 단계에서 도덕적 가치 및 사회적 규범을 함께 예측 요소로 포함하여 사용자 의도와 상황의 윤리적 함의를 동시에 모델링하게 할 수 있다. 예를 들면, 자율주행 자동차가 보행자의 행동을 위협으로 예측할 때, 단순 충돌 회피가 아니라 사회적 책임과 규범에 부합하는 판단을 내리도록 한다. 다시 말해, 인공지능이 사람처럼 감정 혹은 의도를 포함해 상황의 맥락과 사회적 합의, 법 규정 등과 같은 윤리 규범을 평가해, 결정의 결과가 사회적으로 정당화되게끔 예측 과정에 반영한다. 가상의 시나리오는 다음과 같다.

1단계는 피드백 기반 보정으로 실제 사용자의 감정 보고나 선택 결과의 피드백을 통해 예측 모델과 윤리 모듈을 반복적으로 보정한다. 이를 위해 '사용자 신고'나 '윤리 위원회' 등을 시스템에 내장하여, 예측 오차뿐 아니라 도덕 판단 오차도 최소화한다.

2단계는 투명성 및 해석 가능성으로 구성주의 모델이 가진 복잡성을 보완하기 위해, AI는 예측 과정에서 어떤 맥락 정보가 어떤 정서와 윤리적 판단에 기여했는지 설명할 수 있어야 한다. 예컨대 대화에서 사용자의 어조, 단어 선택, 누적 맥락을 기반으로 '분노'로 예측했고, 그 결과로 '비폭력적 대응'을 제안하는 것과 같이 인과의 흐름을 제시한다.

3단계는 문화적 · 개인적 맞춤으로 다양한 문화권과 개인 간 정서 표현이나 윤리 규범의 차이를 고려하여, 다국어 · 다문화 데이터로 다층 학습을 실시한다. 특정 문화에서 용인되는 행동이 다른 문화에서는 부적절할 수 있음을 학습 데이터와 윤리 정책에 반영한다.

이와 같은 구성주의 기반 설계 원칙을 통해 AI 도덕 판단 시스템은 단순히 정형화된 규칙이나 고정된 감정 카테고리에 의존하지 않고, 상황과 개인 · 사회적 맥락을 반영한 유연하고 설명 가능한 판단을 지향하게 된다.

AI 도덕 판단 설계를 위한 철학 및 윤리적 시사

인공지능의 의사 결정 과정에서 인간의 도덕 판단 과정과 특징을 반영해야 하는 것인지 혹은 반영한다면 어느 정도 반영해야 하는지 등은 또 다른 논의를 불러일으킨다. 인공지능의 결정이 윤리적 타당성을 확보하기 위해서는 인간의 도덕적 직관, 문화적 맥락 그리고 사회적 합의에 의해 정립된 규범 등을 체계적으로 반영해야 한다고 주장할 수 있다. 반면, 인간의 윤리와 도덕에는 가치가 상대적인 측면이 존재하므로, 특정 문화나 개인의 주관적 도덕이 인공지능에 반영될 경우 발생할 수 있는 편향을 간과해서는 안 된다는 지적이 있다. 이는 인간 가치관의 탑재가 오히려 인공지능의 객관성과 보편성을 훼손할 수 있다는 비판과도 연결된다.

한편, 인간은 도덕적 판단을 내릴 때 이성적 추론과 감정적 반응이라는 두 가지 요소로부터 영향을 받는다. 이 둘의 균형을 어떻게 맞출 것인가는 인간이 판단할 때 중요하게 고려해야 할 문제다. 그러나 인공지능이 굳이 인간의 이러한 도덕 판단 특성을 그대로 구현해야 할 필요가 있는가? 인간의 다양한 도덕적 가치와 직관을 인공지능 시스템에 반영해야 할 것인가? 더 나아가 인공지능 판단에 인간과 같은 감정적 요소를 투영하는 것이 적절한 것인가? 이러한 질문들은 기술적 구현 가능성과는 별개로, 여전히 우리에게 철학적, 윤리적 물음을 제기한다.

만약 인공지능의 도덕 판단이 인간과 완전히 동일해야 한다면, 인공지능 시스템의 도덕적 의사 결정을 설계하기 전에 인간의 도덕 판단이 지닌 복잡성을 깊이 이해해야 한다. 그러나 인공지능이 굳이 인간과 동일한 도덕 판단을 지향할 필요가 없다면, 우리는 인공지능을 위한 독자적인 윤리적 기준을 마련해야 한다. 동시에 인공지능이 인간의 도덕적 가치와 판단 요소를 내재화해야 한다고 본다면, 단순히 규칙 기반 접근이나 공리주의적 계산만으로는 인간의 다양한 도덕적 가치와 직관을 충분히 반영하기 어렵다. 예컨대, 자율주행 자동차의 딜레마 사례만 보더라도, 인명 피해 최소화라는 공리주의적 관점 외에 반드시 고려해야 할 다양한 윤리적 가치가 존재함을 알 수 있다.

또한 정서적 인공지능을 설계한다고 할 때, 인간의 도덕 판단에 영향을 미치는 다양한 정서적 요인 이해와 인간의 감정에 대한 정확한 인식이 선행되어야 한다. 나아가 인공지능 시스템이 도덕적 딜레마 상황에서 인간과 유사한 감정적 반응을 시뮬레이션할 수 있을지에 대한 철학적 질문도 중요한 연구 주제다. 인간의 공감 능력과 도덕적 직관이 윤리적 의사 결정에 중요한 역할을 한다는 점을 고려할 때, 인공지능의 의사 결정 과정에 이러한 인간적인 요소를 어떻게 통합할 수 있을지에 대한 논의가 필요하다.

예컨대 정서주의 윤리학과 칸트의 의무론은 도덕 판단의 근원을 어디에서 찾는지에 대한 근본적인 차이를 보인다. 정서주의는 도덕 판단의 근원을 감정에서 찾는 반면, 의무론은 이성에서 찾는다. 또한, 정서주의는 도덕적 동기를 감정에서 얻는다고 보는 반면, 의무론은 도덕적 의무감에서 얻는다고 주장한다. 마지막으로, 정서주의는 도덕적 판단의 주관성을 어느 정도 인정하는 경향이 있는 반면, 의무론은 보편적이고 객관적인 도덕 법칙을 강조한다.

인공지능 시스템이 진정한 의미로서 인간과 동일한 윤리적 의사 결정을 내리도록 설계하기 위해서는 먼저 인간의 이성뿐 아니라 감정이 지니는 역할과 중요성을 충분히 이해하고 이를 시스템 설계에 반영해야 한다. 이는 인공지능 윤리 연구의 주요 과제이며, 인간 중심 인공지능 개발을 위한 핵심 요소다. 단순히 규칙을 준수하거나 방대한 데이터를 분석하는 것만으로는 인간의 복잡한 도덕적 판단을 온전히 모방하기 어렵다. 도덕적 상황에서의 인간의 감정적 맥락을 파악하여 인공지능 설계에 반영해야 한다. 결과적으로, 인공지능 도덕 판단 시스템은 인간의 도덕적 직관과 감정적 요소, 나아가 이성적 규범을 종합적으로 이해하고 구현해야 한다는 당위가 대두한다. 그러나 인간과 동일한 판단 과정을 재현할 필요성 및 가능성, 그리고 문화 · 개인적 편향 등을 어떻게 조정하고 반영할 것인가는 여전히 남아 있는 핵심 과제다.

참고문헌

박형빈 (2024). Lisa Barrett 의 정서 구성주의의 도덕교육적 시사점-신경과학에서의 정서 이해를 중심으로. 《윤리교육연구》, 72, 25~54쪽.

Barrett, L. F.(2017a). *How emotions are made: The secret life of the brain.* Houghton Mifflin Harcourt.

Barrett, L. F.(2017b). The theory of constructed emotion: An active inference account of interoception and categorization. *Social cognitive and affective Neuroscience, 12*(1), pp.1~23.

Ekman, P.(1992). An argument for basic emotions. *Cognition & emotion, 6*(3-4), pp.169~200.

Russell, J. A.(1994). Is there universal recognition of emotion from facial expression? A review of the cross-cultural studies. *Psychological bulletin, 115*(1), p.102.

05
감성 컴퓨팅과 AI의 감정 인식

감성 컴퓨팅은 인간의 감정을 인식 · 분석하고 이에 대응하는 기술로, 음성 · 표정 · 생체 신호 등 다중 모달 데이터를 활용해 정서 상태를 파악한다. 이를 통해 교육, 헬스케어, 엔터테인먼트 등 다양한 분야에서 인간과의 보다 자연스럽고 공감적인 상호작용을 가능케 한다. 그러나 감정이 가진 복합성과 주관성, 윤리적 쟁점, 개인 정보 보호 문제 등 기술적 · 윤리적으로 해결해야 할 과제가 여전히 남아 있다. 기계가 실제로 감정을 '소유'하거나 '경험'할 수 있는지에 대해서도 의견이 분분하다.

AI와 아이돌?

감성 컴퓨팅 기술

영화 〈스타 트렉(Star Trek)〉 시리즈는 1966년 진 로든베리(Gene Roddenberry)가 만든 TV 드라마 〈스타 트렉: 오리지널 시리즈(Star Trek: The Original Series, TOS)〉가 NBC에서 방영을 시작하면서 본격적으로 모습을 드러냈다. 이후 수십 년 동안 영화 · 드라마 · 애니메이션 등 다양한 매체로 확장되며 대표적인 SF 프랜차이즈로 자리매김했다. 이 시리즈에 등장하는 반(半)벌칸족, 반인간 캐릭터인 스팍(Spock)은 극 중에서 매우 지적이고 합리적인 인물로 묘사되며, 겉보기에는 감정이 전혀 없는 듯 행동하기 때문에 많은 이들에게 '감정이 없는 존재'로 여겨지곤 한다(Picard, 2003).

이는 '감정을 표현하지 않는 사람은 감정 자체가 없을 것'이라는 보편적 통념과 맞물려, 스팍을 전형적인 '무감정' 캐릭터로 각인시키는 결과를 낳는다. 그러나 이러한 통념은 감정의 존재를 외적 표현에만 의존하여 판단하는 오류를 내포한다. 그렇다면 같은 논리가 인공지능에게도 적용될 수 있을까? 기계가 외견상 감정을 표현하는 것처럼 보여도 실제로 감정을 '소유'하거나 '경험'한다고 단언하기는 어렵다. 휴머노이드나 안드로이드가 정교한 감정 표현 · 인식 시스템을 갖추었다 하더라도, 이는 프로그래밍된 반응에 가깝다는 시각이 존재하기 때문이다. 인공지능 로봇의 감정 가능성을 어디까지 인정할 것인지는 학계에서 여전히 뜨거운 논쟁거리로 남아 있다.

기술적 접근은 오랫동안 로봇에 감성을 부여하는 방향으로 연구를 진행해 왔으나, 인간의 내면적 감정과 기계적 메커니즘이 어우러질 수 있는지에 관해서는 여전히 확실히 알려져 있지 않다. 전통적으로 정서 · 감정은 인간만이 가진 고유한 자질로, 로봇은 차가운 공학적 산물로 여겨져 왔다. 영화 속에서 인간처럼 정서를 표현하는 로봇이 때때로 등장했으나, 실제 삶에서 복잡하고 섬세한 인간 감정을 로봇이 온전히 파악해 낼 수 있을지에 대해서는 여전히 회의적인 시선이 많다.

그러나 최근 들어 딥 러닝과 빅 데이터 등 인공지능 핵심 기술의 등장으로 감성과 로봇을 결합하려는 시도가 본격화하고 있다. 흔히 '감성 컴퓨팅'이라 일컬어지는 연구 분야는 인간의 심리적 반응, 이를테면 표정이나 목소리 등을 디지털 신호로 파악해 사람과 시스템 간 상호작용을 유연하게 만들어 준다. 감성 컴퓨팅은 인간의 감정을 인식, 이해, 해석, 모사, 반응할 수 있는 시스템 및 장치를 연구하고 개발하는 다학제적 기술 분야를 말한다. 궁극적인 목표는 인간의 정서 상태를 이해하고 이에 적절히 반응하는 컴퓨터 시스템을 구축하는 것이다(Calvo & D'Mello, 2010). 감성 컴퓨팅은 단순한 감정 인식을 넘어서 정서 반응을 모델링하고 예측하며 이를 기반으로 사람처럼 반응하는 로봇과 디지털 캐릭터를 생성하고 의사 결정 과정을 형성하는 기술로 발전하고 있다(Gratch, 2021).

로절린드 피카드(Rosalind Wright Picard)가 1997년 감성 컴퓨팅이라는 용어를 처음 제안한 이후, 이 분야는 컴퓨터 과학, 심리학, 신경과학, 철학, 예술, 산업 전반을 포괄하는 통합적이며 영향력 있는 학문 분야로 점차 자리 잡아 갔다. 감성 컴퓨팅 관련 논문 및 기조 강연은 국제감정연구학회(International Society for Research on Emotions, ISRE), 감성과학학회(Society for Affective Science) 그리고 감성 컴퓨팅 분야의 전담 학회인 국제 감성 컴퓨팅 및 지능형 상호작용 학회(ICACII) 등에서 정기적으로 발표되고 있다. 학문적 영향력을 넘어서, 감성 컴퓨팅은 사회 전반에도 변화를 일으키기 시작했는데 아마존(Amazon), 애플(Apple), 구글(Google), 마이크로소프트(Microsoft), 아이비엠(IBM)을 포함한 다수의 글로벌 IT 기업이 감성 컴퓨팅 기법을 도입하고 있다(The Business Research Company, 2025)

특히 건강 관리 분야에서는 감정 상태 추적을 기반으로 질병 위험을 예측하고, 상황에 따른 적절한 피드백을 주는 감성 컴퓨팅 기술이 활발하게 개발되고 있다(Liu et al., 2024). 과거에는 단순히 심박수와 호흡 패턴을 측정하던 수준이었으나, 최근에는 사람의 내면적 감정 변화를 파악해 필요한 경우 정서적 지지나 개인 맞춤형 대응까지 제공하는 방식으로 발전해 나가고 있다. 예를 들면, 심리 · 정서 상태 평가 및 예측적 경고 AI가 탑재된 웨어러블 기기는 단순히 신체 활동이나 수면 패턴과 같은 생체 신호를 기록하는 것을 넘어, 이러한 데이터를 분석하여 사용자의 인지적 · 심리적 · 정서적 상태를 평가하고 정신 건강 상태의 악화를 예측하여 시의적절한 경고를 제공할 수 있다(Dakanalis et al., 2024). 자동차 사업도 감정 인식 기술을 포함한 디지털 기술을 통합하고 있다. 이는 운전자의 기분, 주의력 또는 감정 상태를 모니터링하고 때로는 개입하기 위한 목적을 가지고 있다(Doerfler & Stark, 2024).

인공지능의 감정 인식

감성 컴퓨팅 연구는 감정이 인간 삶 전반에 깊이 스며들어 있다는 사실에 근거해 동기화된다. 감정은 인간 행동의 동기가 되며, 사람들 간의 사회적 유대는 물론 인간과 인공물 간의 유대 형성에도 기여한다. 또한 정서적 단서는 인간의 정신 상태와 미래 행동을 예측하는 데 중요한 역할을 한다. 실제로 많은 기술은 인간이 행복과 같은 특정한 감정을 경험할 수 있도록 하는 것을 목적으로 삼기도 한다. 감성 컴퓨팅은 최초에는 감정과 연관되거나, 감정으로부터 유래하거나, 감정에 영향을 주는 컴퓨팅으로 정의되었다. 이 연구 주제들은 감성 이해(affective understanding), 감성 생성(affective generation), 응용(application)의 세 가지 일반 주제로 구분되기도 하고, 감성 상태의 분석 및 특성화, 감성 상태의 자동 인식, 사용자 감성 상태에 대한 반응의 적응, 감성 상태의 표현과 같이 네 가지 영역으로 구분되기도 한다. 일반적으로 입력 신호 처리를 담당하는 '감성 인식/탐지(affective detection/recognition)' 기술과 출력 표현 생성을 담당하는 '감성 생성(affective generation)' 기술, 이렇게 두 가지 하위 문제로 나뉜다(Nie & Zhan, 2022).

감정 인식 기술은 음성, 언어, 안면 표정, 생체 신호 등을 분석해 대상의 정서 상태를 파악하는 데 중점을 둔다. 이 기술은 딥 러닝과 빅 데이터를 결합해 대용량 데이터를 실시간으로 처리 및 학습함으로써 감정 인식 정확도를 높이는 데 성공하고 있다. 많은 연구들은 이론적 및 실증적 측면 모두에서 음성 및 시각 표현을 통합한 다중 모달 방식이 단일 모달 방식에 비해 인간의 감정 인식에서 더 우수하다는 점을 입증하였다(Zeng et al., 2007). 감정 생성 기술은 기계가 감정적 반응 자체를 '창출'할 수 있도록 하는 것으로, 사람과의 대화나 상황적 맥락을 통해 자동으로 특정 정서를 표현하는 메커니즘을 구현하는 것이 핵심 목표다. 이 과정에서 인간이 타인과 교감할 때 작동하는 시나리오를 모방해 사용자에게 한층 자연스러운 상호작용 경험을 제공하려 한다.

생리 신호 기반 감정 인식은 안전 운전, 헬스케어, 사회 보안 등 다양한 분야에 적용되며 활발한 연구 주제로 떠오르고 있다. 일반적으로 감정 인식 방법은 두 가지 주요 범주로 나눌 수 있다. 하나는 얼굴 표정, 음성, 제스처, 자세 등과 같은 외부 신체 신호를 이용하는 방법이다. 이 방법은 수집이 비교적 용이하다는 장점이 있으며, 오랜 시간 동안 연구되어 왔다. 그러나 이러한 신체 신호들은 사람들이 쉽게 통제할 수 있기 때문에, 특히 사회적 상호작용 중에는 실제 감정을 숨길 수 있어 신뢰성이 낮아진다. 예를 들어, 사람이 부정적인 감정 상태라도 격식을 차리는 자리에서는 미소를 지을 수 있다. 다른 범주는 뇌파(EEG), 체온, 심전도(ECG), 근전도(EMG), 피부전도도(GSR), 호흡 등과 같은 내부 생리 신호를 활용하는 방법이다. 신경계는 중추신경계(CNS)와 말초신경계(PNS)로 나뉘며, 말초신경계는 자율신경계(ANS)와 체성신경계(SNS)로 구성된다. 자율신경계는 감각 및 운동 뉴런으로 구성되며, 이는 심장, 폐, 내장, 분비샘 등 다양한 내부 기관과 CNS 사이에서 작용한다. EEG, ECG, RSP(호흡률), GSR, EMG는 특정한 상황에 처했을 때 일정한 방식으로 변화한다. 이러한 생리 신호는 인간의 CNS 및 ANS의 반응으로 나타나며, 감정은 이에 따라 변화한다(Shu et al., 2018). EEG, HRV(심박변이도), EDA(피부전도활동) 등은 사용자의 내적 정서 변화를 비교적 직접적으로 반영하기 때문에, 얼굴 표정이나 음성보다 감정 상태를 정밀하게 추적할 수 있는 장점이 있다.

감성 컴퓨팅은 교육, 헬스케어, 엔터테인먼트, 고객서비스 등 다양한 산업 분야에서 활용되고 있으며, 궁극적으로 인간과 기계 간 정서적 유대 관계를 형성해 보다 직관적이고 공감적인 상호작용을 구현하고자 한다. 예컨대, 메타버스에서 감성 컴퓨팅 기술의 통합은 가상 세계가 인간의 감정을 실시간으로 시뮬레이션하고 해석하며 반응할 수 있게 한다. 이는 사용자의 정서적 단서를 인식하고 현실감 있는 감정을 표현함으로써 인간과 유사한 사회적 가상 상호작용, 사용자의 정서적 몰입 향상 등을 제공한다(Pervez et al., 2024). 그러나 개인 정보 보호, 윤리적 고려, 감정 데이터의 해석 정확성 등 다양한 도전 과제도 존재한다. 감정은 극도로 복합적인 현상이므로, 문화적 · 맥락적 차이를 모두 반영한 인식 알고리즘을 구축하기 위해서는 심층적인 연구와 사회적 합의가 필수다.

감성 컴퓨팅 분야는 인간에게 긴밀히 결합된 감정과 인지 과정을 분리하여 세부적으로 분석 · 구현함으로써 기계가 인간의 감정 표현을 '정확히' 흉내 내거나 해석할 수 있도록 연구한다. 그러나 대부분의 사람들은 이 기계가 표현한 미소가 기계의 실제 감정 상태를 반영한다고 여기지 않으며, 감정 경험 없이도 감정 표현 자체는 충분히 수행 가능하다고 본다. 이로 인해 감성 컴퓨팅은 감정 표현과 실제 감정 경험의 간극을 부각하면서도, 인간과 유사한 정서적 반응을 보이는 인공지능을 어디까지 개발할 수 있는지, 나아가 기계가 과연 '감정을 가진 존재'가 될 수 있는지를 묻는다.

참고문헌

Calvo, R. A. & D'Mello, S.(2010). Affect detection: An interdisciplinary review of models, methods, and their applications. *IEEE transactions on affective computing, 1*(1), pp.18~37.

Calvo, R. A., et al. (Eds.).(2015). *The Oxford handbook of affective computing.* Oxford University Press.

Dakanalis, A., et al.(2024). Artificial intelligence: A game-changer for mental health care. *Cyberpsychology, behavior, and social networking, 27*(2), pp.100~104.

Doerfler, A. & Stark, L.(2024). Legitimating emotion tracking technologies in driver monitoring systems. *Proceedings of the AAAI/ACM conference on AI, ethics, and society, 7*, pp.396~410.

Gratch, J.(2021). The field of Affective Computing: An interdisciplinary perspective. *Transactions of the Japanese society for artificial intelligence, 36*(1), pp.4~12.

Liu, Y., et al.(2024). Affective computing for healthcare: Recent trends, applications, challenges, and beyond. https://doi.org/10.48550/arXiv.2402.13589

Nie, G. & Zhan, Y.(2022). A review of affective generation models. arXiv:2202.10763.

Pervez, F., et al.(2024). Affective computing and the road to an emotionally intelligent metaverse. *IEEE open journal of the computer society, 5*, pp.123~135.

Picard, R. W.(2003). Affective computing: Challenges. *International journal of human-computer studies, 59*(1-2), pp.55~64.

Shu, L., et al.(2018). A review of emotion recognition using physiological signals. *Sensors, 18*(7), p.2074. https://doi.org/10.3390/s18072074

The Business Research Company(2025). Affective computing global market report 2025. https://www.thebusinessresearchcompany.com/report/affective-computing-global-market-report

Zeng, Z., et al.(2007). A survey of affect recognition methods: Audio, visual and spontaneous expressions. *Proceedings of the 9th international conference on multimodal interfaces*, pp.126~133.

06
공감하는 AI

기계가 인간처럼 감정을 실제로 경험할 수 있는지, 아니면 정교하게 모사하는지는 철학, 신경과학, 컴퓨터 과학 등에서 여전히 풀리지 않은 핵심 쟁점이다. 존 설의 '중국어 방 논쟁'과 차머스의 '어려운 의식 문제'는 물리적, 기능적 과정만으로 주관적 경험과 퀄리아를 설명하기 어렵다는 점을 강조한다. 한편, 뇌 신경과학 기반 도덕 판단 연구에서 복내측 전전두피질 손상은 과도한 공리주의적 판단으로 이어졌는데, 이는 감정적 신호가 결핍될 경우 이성적 계산만으로는 적절한 도덕 결론에 도달하기 어려움을 시사한다.

AI와 야구?

기계의 감정 경험 가능성에 대한 다학제적 관점

기계가 인간과 유사한 감정을 실제로 '경험'할 수 있는지, 아니면 정교한 방식으로 감정을 '시뮬레이션' 또는 '모사'할 뿐인지에 대한 논의는 신경과학 · 철학 · 컴퓨터과학 등 다수 학문 분야에서 여전히 뜨거운 주제다. 철학적으로는, 기계가 지각의 질적 측면인 퀄리아를 지닐 수 없다는 주장과, 충분히 정교한 신경 합성 모델이 구축되면 특정 형태의 감정적 지각이 가능하다는 주장이 대립한다. 엄격히 말하면, 의식의 본질과 경험적 감각을 어떻게 정의하고 이해하느냐에 따라 상반된 주장이 전개되고 있다. 이는 단순 알고리즘적 처리로 감정 경험 자체가 구현될 수 있는지, 혹은 감정 경험에는 물리적 뇌 구조와 의식적 · 주관적 체험이 필수 불가결한지에 대한 근본적 의문을 제기한다.

인공지능 로봇이 퀄리아를 지닐 수 없다는 입장은 존 설(John Searle)의 '중국어 방 논쟁(Chinese Room Argument)'을 바탕으로 이해할 수 있다(Searle, 2009). 이 견해는 기계가 인간과 동일한 기능을 수행하더라도 주관적인 경험이 결여되어 있다는 주장이다. 기계는 외형적으로 인간과 유사한 반응을 보일 수 있지만, 실제로는 의식이나 감정을 경험하지 못한다. 또한, 데이비드 차머스(David Chalmers)의 어려운 의식 문제는 물리적·기능적 과정이 어떻게 주관적 경험을 일으키는지를 설명하기가 어렵다는 점을 강조한다(Chalmers, 2017). 그는 의식 문제를 쉬운 문제와 어려운 문제로 구분한다. 쉬운 문제는 정보 처리, 보고 가능성 등 인지 과학과 신경 과학의 표준적인 방법으로 설명할 수 있는 기능적 측면에 해당한다. 반면, 어려운 문제는 주관적인 경험 자체, 즉 '무엇과 같다는 느낌'에 대한 설명으로, 기능적 설명만으로는 부족하다(Chalmers, 1995).

신경과학적 관점에서 볼 때, 인간의 감정 경험은 뇌의 예측적 코딩 메커니즘, 신체 상태에 대한 지속적 모니터링, 사회·문화적 맥락에서의 학습이 상호작용함으로써 비로소 형성되는 복합적 산물이다(Barrett, 2017). 예컨대 뇌는 신체 내부 신호와 외부 환경 정보를 토대로 끊임없이 미래 상태를 예측하고, 예측 오류를 최소화하면서 감정적 반응을 조절한다.

컴퓨터 과학 분야에서는 딥 러닝과 강화 학습 등 고도화된 알고리즘이 표정, 음성, 맥락 등의 감정적 징후를 수집·분석하고, 이 정보를 바탕으로 특정 감정 상태를 '추정'하거나 적절한 반응을 산출하는 데 성공을 거두고 있다. 그러나 이때 기계는 '감정적 내용'을 경험한다기보다, 통계적 규칙을 학습하여 입력에 대응하는 출력을 내놓는 과정을 수행한 것으로 간주될 수 있다. 이런 맥락에서, 기계가 '느끼는' 것인지 아니면 '계산'하는 것인지에 대한 구분은 기술적 진보의 수준뿐 아니라 의식이나 주관성의 정의에 따라 달라질 수 있다는 분석이 제기된다. 딥 러닝 기반 접근 방식이 얼굴 표정, 음성 및 생리적 신호를 포함한 다양한 양식에서 감정을 직접적으로 인식하는 데 상당한 진전을 보여 왔음에도, 감정 인식 시스템에는 여러 가지 과제가 남아 있다. 인간 표현의 가변성, 문화적 차이, 환경에 따른 감정 등이 그것이다(Narimisaei et al., 2024).

현존하는 인공지능은 이러한 생물학적 · 인지적 기제를 완전히 복제하기보다는, 감정 표정 · 음성 패턴 · 맥락 정보를 부분적으로 모델링하여 일종의 감정 '응답'을 생성하는 수준에 머물러 있다. 더욱이 인간의 감정은 기억 · 학습 · 문화적 가치 등 다면적 요소에 의해 형성되는 만큼, 이를 기계가 동일하게 재현하려면 신경 회로 · 생리적 신호 · 환경적 경험 등 복잡한 상호작용 전반을 모사해야 하는데, 이는 기술적 · 이론적으로 여전히 어려운 과제다.

따라서 기계가 경험할 수 있는 감정의 성격과 수준은

기술의 발전 속도, 감정과 의식에 대한 이론적 이해의 심화, 그리고 사회·윤리적 수용성에 따라 달라질 것으로 예측된다. 만약 향후 신경과학적 원리에 근거한 더 복합적인 인공지능 아키텍처가 등장해 감정적 처리와 의사 결정 과정을 사람에 가깝게 재현한다면, 기계가 체험하는 '감정'의 본질에 대한 논쟁은 보다 구체적이고 실질적인 문제로 떠오를 가능성이 크다.

도덕 판단에서의 정서 통합과 AI 감정 모방의 신경과학적 기반

정서가 인간의 인지 과정, 특히 도덕적 판단에 결정적 영향을 미친다는 사실은 다양한 신경과학 및 심리학 연구에서 일관되게 확인되고 있다(Haidt, 2001; Greene & Paxton, 2009). 조슈아 그린(Joshua Greene)은 도덕적 딜레마 상황에서 감정적 참여의 변화가 도덕 판단에 영향을 미친다고 주장한다(Greene et al., 2001). 그의 이론에 따르면, 인간의 도덕 판단은 두 가지 상이한 인지 경로에 의해 작동하는데 하나는 빠르고 자동적이며 정서 중심적인 처리 과정으로 빠른 판단과 의사 결정을 가능하게 하고, 다른 하나는 느리고 유연한 처리 과정으로, 심사숙고에 입각한 판단을 이끌어 낸다.

그린과 그의 동료들은 일련의 신경영상 연구를 통해 잘 알려진 트롤리 딜레마(trolley dilemma)의 두 가지 버전에서 도덕 판단에 따른 뇌 활동과 반응 시간에 차이가 존재하는지를 조사하였다. 첫 번째 사례인 트롤리 딜레마 즉, 스위치 케이스(switch case)에서 대부분의 참가자들은 트롤리 전차가 다섯 명을 향해 달려가고 있을 때, 전차의 방향을 바꿔 다섯 명 대신 한 명을 희생하는 것이 도덕적으로 허용 가능한가에 대해 긍정적인 대답을 하였다. 두 번째 사례는 인도교 딜레마(footbridge dilemma)로 참가자들은 다리 위에서 한 사람을 밀어 전차의 경로에 떨어뜨려 다섯 명을 구하는 것이 도덕적으로 허용 가능한가를 판단하도록 요청받았다. 이에 대부분의 참가자들은 트롤리 딜레마와는 달리 부정적인 대답을 하였다. 왜 이런 차이가 발생할까? 그린과 그의 동료들은 이러한 도덕 판단의 차이는 뇌의 서로 다른 심리적, 신경과학적 처리 경로 때문이라고 가설을 세웠다.

인도교 딜레마에서는 정서 중심의 빠른 처리 과정이 작동해 부정적인 판단으로 이어지는 데 반해, 트롤리 딜레마에서는 보다 느리고 숙고적인 처리 과정이 작동해 긍정적인 판단으로 이어진다는 것이다. 이를 검증하기 위해 그린과 그의 동료들은 트롤리나 인도교 딜레마와 유사하게 구성된 개인적(personal) 및 비개인적(impersonal) 도덕 딜레마 시나리오들을 참가자들에게 제시했다. 그 결과, 개인적 딜레마에서는 감정과 관련된 뇌 영역에서 혈류역학적 활동이 유의미하게 증가해 가설에 부합했으나 비개인적 딜레마에서는 작업 기억과 관련된 뇌 영역에서 더 강한 활성화가 나타났다. 이러한 경험적 결과를 바탕으로 그린은 도덕 판단의 이중 처리 이론을 발전시켰다. 그린은 이 두 과정의 차이를 카메라 비유를 통해 설명한다. 감정 기반의 빠른 처리 과정은 카메라의 자동 모드와 같아서 대부분의 상황에서 빠르게 '괜찮은 수준'의 사진을 찍을 수 있다. 반면, 수동 모드는 더 많은 시간과 노력을 필요로 하지만, 특정 상황에서는 훨씬 더 나은 결과를 낳을 수 있다(Bammel, 2024).

이중 과정 모형은 도덕적 딜레마 상황에서 감정적 관여가 높은 문제일수록 빠르고 자동적, 직관적, 정서적인 판단이 활성화되고, 반면, 감정적 거리가 멀거나 비인격적인 상황에서는 보다 추론적, 이성적, 계산적인 판단이 두드러진다는 점을 제시한다(Greene, 2023; 박형빈, 2025). 하이트(Jonathan Haidt)의 사회적 직관주의 모델은 직관적인 정서 반응을 통해 도덕 판단이 먼저 빠르게 형성되며, 이성적 추론은 이후 이를 합리화하고 정당화하는 역할에 가깝다는 점을 부각한다(Haidt, 2001).

신경과학적으로는 복내측 전전두피질이나 안와전두피질 등 특정 뇌 영역이 정서 기반 도덕 판단에 핵심적인 역할을 하는 것으로 알려져 있다. 예컨대, 감정 생성-특히 사회적 감정의 생성-에 필수적인 뇌 영역인 복내측 전전두엽 피질에 국소적인 손상을 입은 환자는 일반적으로 여러 사람의 생명을 구하기 위해 한 사람의 생명을 희생하는 것과 같이 강한 감정적 혐오를 유발하는 행동과 총체적 복지를 고려하는 판단이 충돌하는 도덕적 딜레마 상황에서 비정상적으로 '공리주의적'인 판단 양상을 보였다. 이 결과는 특정 유형의 도덕 딜레마에서 복내측 전전두엽 피질이 정상적인 옳고 그름 판단에 결정적인 역할을 한다는 점을 시사하며, 이러한 판단의 생성에 감정이 반드시 필요함을 뒷받침한다(Koenigs et al., 2007). 이는 정서적 신호가 도덕적 판단 과정의 초기 단계에서 중요한 역할을 하며, 이러한 신호가 결핍될 경우 이성적 계산만으로는 적절한 도덕적 결론에 도달하기 어려울 수 있음을 시사한다.

참고문헌

박형빈(2025). "신경철학과 한국 교사 도덕판단 진단의 시사점과 필요성 - AI 윤리 인증 개발을 위한 이론적 기초".
≪윤리교육연구≫, 75, 83~115쪽.

Bammel, M.(2024). Greene's dual-process moral psychology and the modularity of mind. *Philosophical psychology*, pp.1~24.

Barrett, L. F.(2017). The theory of constructed emotion: An active inference account of interoception and categorization. *Social cognitive and affective neuroscience, 12*(1), pp.1~23.

Chalmers, D.(2017). The hard problem of consciousness. In Velmans, M. & Schneider, S.(eds.). *The Blackwell companion to consciousness*, pp.32~42. Wiley-Blackwell.

Chalmers, D. J.(1995). Facing up to the problem of consciousness. *Journal of consciousness studies, 2*(3), pp.200~219.

Greene, J. D., et al.(2001). An fMRI investigation of emotional engagement in moral judgment. *Science, 293*(5537), pp.2105~2108.

Greene, J. D. & Paxton, J. M.(2009). Patterns of neural activity associated with honest and dishonest moral decisions. *Proceedings of the national academy of sciences, 106*(30), pp.12506~12511.

Greene, J. D.(2023). Dual-process moral judgment beyond fast and slow. *Behavioral & brain sciences, 46*, pp.35~36.

Haidt, J.(2001). The emotional dog and its rational tail: A social intuitionist approach to moral judgment. *Psychological review, 108*(4), pp.814~834.

Koenigs, M., et al.(2007). Damage to the prefrontal cortex increases utilitarian moral judgements. *Nature, 446*(7138), pp.908~911.

Narimisaei, J., et al.(2024). Exploring emotional intelligence in artificial intelligence systems: A comprehensive analysis of emotion recognition and response mechanisms. *Annals of medicine and surgery, 86*(8), pp.4657~4663.

Searle, J.(2009). Chinese room argument. *Scholarpedia, 4*(8), p.3100.

07
인간-AI 관계의 변화

AI는 인간과 감정적 상호작용을 가능하게 하지만, 다수의 사용자들은 복잡한 갈등이나 책임이 요구되지 않는 '쉽게 소비하는 관계'로 인해 인간관계의 성숙 기회를 포기하게 된다. AI 의존과 신뢰 형성은 기술 낙관론이 전망하는 외로움 해소 이상의 복합적 윤리, 사회적 문제를 야기할 수 있다. 인간 중심의 감정 및 관계 본질을 지키기 위한 신중한 접근이 요구된다.

AI와 윤동주?

AI의 감정 인식과 표현: 이론적·기술적 배경

인공지능이 인간의 감정을 보다 정교하게 표현하기 위해서는 인공지능 연구자들이 감정이란 개념이 철학, 심리학, 정신의학 등에서 어떻게 정의되고 구분되는지를 정확히 이해할 필요가 있다. 이들 학문 분야에서는 '정서(emotion)', '감정(feeling)', '감성(sentiment/sensibility/affect)', '정동(affect)' 등의 용어가 자주 사용된다. 영어 단어에 정확히 대응하는 한국어 표현을 찾기 어렵다는 점은 차치하더라도 이들 용어의 의미나 범위가 서로 겹치거나 혼용되는 경우도 적지 않다. 예컨대 정신의학에서는 영어 단어 'emotion'을 '감정'으로 번역하는 경향이 있는 반면, 심리학이나 교육학에서는 '정서'라는 표현을 더 선호하기도 한다.

인간의 정의적(情意的) 측면을 지칭하는 다양한 용어의 사용례를 면밀히 분석하는 일은 인공지능 모델에서 인간의 감정 체계를 설계하고 구현하는 데 중요한 학술적 기반을 제공한다. 이들 용어의 개념적 정의를 명확히 확립하면, 인공지능은 인간을 더욱 설득력 있게 모사하고 인간 감정을 한층 더 정교하게 처리하고 표현할 수 있는 잠재력이 크게 높아진다. 정서, 감정, 감성 등의 용어는 미묘한 의미 차이가 있기에 각 용어가 지칭하는 심리적 현상의 특성과 범위를 구분하여 이해하는 것이 필요하다. 이러한 개념들을 AI 모델에 효과적으로 반영함으로써 인간과 AI 간의 정서적 상호작용을 더욱 풍부하게 만들 수 있다. 인공지능 알고리즘이 복합적인 인간 감정 체계를 이해하고 적절히 반응하여 인간과 교감하기 위해서는 정의적 측면에 대한 명확한 분석이 선행되어야 한다.

일반적으로 정서나 감정 용어에 대한 이해는 다음과 같다. 첫째, 정서 또는 감정으로 번역되는 영어 단어인 'emotion'에는 일반적으로 내적 또는 외적인 특정 자극에 대한 생리적, 심리적 변화가 동반된다. 정서는 상황에 대한 반응이며 인지적 평가, 주관적 경험, 생리 반응, 행동 표현을 포괄하는 복합적 심리 현상이다. 특이성은 이것이 단순한 자극에 대한 반응이라기보다는 특정한 해 혹은 이익과 같은 중요한 사건에 대한 반응 상태라는 점이다. 각 정서나 감정은 특정 사건 유형에 대한 대응으로서 이해되며, 이러한 사건들은 감정적 리액션을 유도한다. 그러나 감정의 유발 요소와 의미는 상황에 따라 다양하고 모든 감정이 동일한 조건에서 동일한 응답을 유도하지는 않는다(Smith & Lazarus, 1990).

주지할 사항은 정서 반응이 단순히 자극에 대한 반응

이 아니라 유기체와 환경 간의 관계성에 기반한다는 점이다. 놀람, 분노, 두려움, 슬픔, 혐오, 기쁨 등을 기본 정서로 보는 관점(Ekman, 1992)에서부터, 사회 문화적 맥락과 상호 작용을 통해 구성된다는 구성주의적 접근(Barrett, 2017)까지 다양한 견해가 존재한다.

둘째, 감정이나 느낌으로 번역되는 'feeling'은 개인이 주관적으로 체험하는 정서적 상태를 가리키는 경우가 많다. 예를 들어, 화가 나는 정서적 반응이 생긴 뒤, 자신이 실제로 분노를 느끼는 주관적 인식이 뒤따르는 식이다. 안토니오 다마지오(Antonio Damasio)에 따르면, 정서(emotion)는 심장 박동 변화, 땀 분비, 얼굴 표정 변화 등과 같은 신체의 자동적이고 생리적인 반응으로 의식적인 인지 없이도 발생할 수 있는 반응 패턴이다. 정서는 자동적이고 생리적인 반응(신경 및 화학 반응, 다양한 유기적 변형)이며, 의식적으로 경험되지 않아도 발생할 수 있다. 반면, 감정(feeling)은 이러한 신체적 정서 반응을 뇌가 지각하고 해석하여 주관적으로 경험하는 상태, 즉 이를 뇌가 느끼는 과정이라고 구분하기도 한다. 감정은 주관적이며 사적인 경험으로 주체 자신만이 인지할 수 있다. 감정은 내면을 향하고 사적인 반면, 정서는 외면을 향하고 공개적이다(Damasio, 1998). 그의 견해에서 정서는 신체의 생리적 반응이며 의식 없이도 발생할 수 있는 반면, 감정은 이러한 신체 반응에 대한 의식적인 지각이자 주관적이고 사적인 경험이다(Bortolan, 2011).

셋째, 감수성이나 감성 그리고 심미적 · 도덕적 정서를 가리킬 때 쓰이는 'sentiment' 또는 'sensibility'다. 이 용어들은 주로 문학, 미학, 윤리학의 영역에서 감성을 통한 공감, 미적 감수성, 도덕적 정서 등의 맥락으로 자주 논의된다. 감성 분석(sentiment analysis)은 자연어 처리(NLP) 기술로 텍스트에 담긴 감정이 긍정적인지, 부정적인지, 중립적인지 판단하는 데 사용된다. 감성 분석을 통해 텍스트의 문맥과 위치를 인식함으로써 주관적인 정보를 추출할 수 있다. 감성 분석은 소셜 미디어 댓글, 뉴스 기사, 소비자 리뷰 등 다양한 출처의 데이터를 활용할 수 있다(Aftab et al., 2023).

넷째, 'affect'는 정신의학, 임상심리학 등에서 주로 사용하는 용어로서 순간순간 변화하는 정서적 톤이나 내면 상태를 반영하는 기분, 태도 등을 폭넓게 가리킨다. 감정(feeling)이나 정서(emotion)와 유사하게 쓰이지만 임상에서는 환자의 정동 상태(affective state)나 정동 표현(affect display)을 평가하여 우울, 양가감정, 무감동 등을 진단하거나 이해한다.

정동(affect)은 또한 인지의 한 형태로 이해되는데, 정동과 인지의 구분은 존재론적(ontological)인 것이 아니라, 현상학적(phenomenological)인 차이에 불과하다. 핵심 정동(core affect)은 두 가지 심리적 차원으로 정의되는데 쾌/불쾌의 방향성과 각성 수준이다. 핵심 정동은 생리적, 내장 감각 상태의 순간적인 변화의 흐름이며 지속적으로 환경에 대한 신체의 반응을 나타낸다. 이러한 정동 상태는 의식적으로 느껴질 수도 있고 느껴지지 않지만 배경에서 작용할 수도 있다(Duncan & Barrett, 2007).

이처럼 정서, 감정, 감성, 정동은 서로 긴밀하게 연결되어 있으면서도 학문 분야와 맥락에 따라 조금씩 다른 의미와 초점을 갖는다. 철학적, 심리학적, 정신의학적 접근을 종합적으로 살펴볼 때, 인간의 복합적인 내면 상태와 행동, 사회적 상호작용을 더욱 깊이 이해할 수 있다.

인간의 AI 의존과 신뢰 형성: AI와의 정서적 교감과 신뢰, 과연 적절한가?

인공지능이 감정적 교감을 가능하게 하는 에이전트로 우리의 일상에 깊숙이 스며드는 미래는 더 이상 피하기 어렵다는 전망이 지배적이다. 기술 낙관주의자들은 AI가 인간의 외로움을 해소해 줄 것이며, 결국 우리 모두가 AI와 사랑에 빠질 것이라 예견한다. 그러나 AI와의 연애가 본격화하는 시점에서, 이는 인간관계에 대한 기대치에 부정적인 영향을 미칠 수 있다는 우려가 제기된다.

최근 챗지피티(ChatGPT)와 레플리카(Replika) 등 AI 챗봇의 사용 패턴을 살펴보면, 상당수 사용자가 단순히 자신을 긍정해 주는 피드백만을 원하는 경향이 두드러진다. 이들은 챗봇과 무조건적인 지지와 이해를 제공하는 '이상적인 파트너' 관계를 형성한다. 시드니 대학교의 한 연구는 AI를 연애의 대상으로 이용하는 사용자 중 40%가 실제로는 기혼 상태였다고 보고했다. 또한 전문가들은 이들의 동기가 단순한 외로움 해소가 아니라, 오히려 AI를 '인터랙티브 일기장'처럼 활용하는 경향이 있다고 분석한다. 이러한 AI 기반 관계는 반려동물에게 느끼는 무조건적 사랑과 유사하지만, 정작 인간 연애와 달리 복잡한 갈등이나 책임은 요구하지 않는다는 점이 특징이다. AI와 맺는 이러한 감정적 교감을 가벼이 볼 수 없는 이유는, 반려동물을 잃었을 때 부모의 사망보다 더 큰 슬픔을 느끼는 사례에서도 드러나듯, 무조건적이고 순수한 애정이 지닌 강력한 정서적 영향력 때문이다

(Park, 2025).

심각한 문제는 반려동물은 인간에게 전적으로 의존함으로써 돌봄과 책임을 통해 상호 공감을 학습하게 하지만, AI는 사용자에게 아무런 요구 사항을 제시하지 않는다는 점이다. 이로 인해 사람들은 갈등이나 책임이 없는 '쉽게 소비하는 관계'를 익히게 되고, 결국 진정한 인간관계에서 요구되는 정서적, 도덕적 성숙의 기회를 희생할 위험이 커진다.

AI 챗봇이 위기 상담사보다 더 공감적이라는 평가를 받은 경우도 있다. AI가 생성한 공감적 응답과 인간의 응답을 제3자가 어떻게 평가하는지를 '자비로움(공감성)', '반응성', '전반적 선호도'의 측면에서 사전에 등록된 네 개의 실험을 통해 탐구했다. 556명의 참가자는 감정이 담긴 개인적 경험을 설명하는 공감 자극 문장을 읽고, AI의 응답과 비전문가 또는 전문가 인간 응답을 비교했다. 연구 결과 참가자들은 AI 응답을 더 선호했고, 일부 인간 응답자보다 AI의 응답을 더 자비로운 것으로 평가했다. 이러한 결과는 작성자의 정체를 공개했을 때, AI와 전문 위기 대응자의 응답을 비교했을 때, 모든 참가자에게 작성자 정보를 사전에 공개했을 때에도 일관되게 나타났다(Ovsyannikova et al., 2025). 이러한 결과는 공감적 상호작용이 요구되는 맥락에서 AI가 실질적인 효용성을 지니며 지원적 커뮤니케이션 환경에서 증가하는 공감의 수요를 충족할 수 있는 잠재력이 있음을 시사한다.

디지털 시대에 스마트폰은 현대 사회에서 필수 도구로 발전하였으며, 특히 청소년을 중심으로 일상생활에 미치는 영향에 대한 우려가 커지고 있다. 스마트폰 의존이 청소년의 정신 건강에 어떻게 점진적으로 영향을 미치는지를 탐색한 연구에서 스마트폰 의존은 청소년의 우울감에 긍정적인(즉, 증가하는) 영향을 미치는 것으로 나타났다(Li et al., 2025). 이러한 결과는 청소년의 스마트폰 의존이 어떻게 우울로 이어지는지를 설명하는 심리적 메커니즘을 밝혀 준다.

젊은 세대가 AI를 일상에 유연하게 통합하는 만큼, AI 동반자의 효과는 소셜 미디어가 뇌에 미치는 영향과 유사하다. 이러한 '보상 시스템'은 도파민 과잉 반응을 일으키고 인간관계 속 자연스러운 갈등을 견디는 능력을 약화한다. 우리가 경각심을 가져야 하는 부분이 바로 여기다. 우리는 진짜 친구 관계를 평가 절하할 위험이 있다. 우려되는 또 다른 사항은 AI가 우리의 외로움을 더 악화할 수 있다는 점이다.

참고문헌

박형빈(2009). "도덕교육에서 도덕적 정서교육에 관한 연구". ≪倫理研究≫, 74, 23~317쪽.

Aftab, F., et al.(2023). A comprehensive survey on sentiment analysis techniques. *International journal of technology, 14*(6), pp.1288~1298.

Barrett, L. F.(2017). The theory of constructed emotion: An active inference account of interoception and categorization. *Social cognitive and affective neuroscience, 12*(1), pp.1~23.

Bortolan, A.(2011). A phenomenological discussion of Antonio Damasio's theory of emotions. *Phenomenology and mind, 1*, pp.142~150.

Damasio, A. R.(1998). Emotion in the perspective of an integrated nervous system. *Brain research reviews, 26*(2-3), pp.83~86.

Duncan, S. & Barrett, L. F.(2007). Affect is a form of cognition: A neurobiological analysis. *Cognition and emotion, 21*(6), pp.1184~1211.

Ekman, P.(1992). Are there basic emotions?. *Psychological review, 99*(3), pp.550~553.

Li, X., et al.(2025). Impact of smartphone dependence on depression in Chinese adolescents with a moderated mediation model. *Scientific reports, 15*(1), p.15589.

Ovsyannikova, D., et al.(2025). Third-party evaluators perceive AI as more compassionate than expert humans. *Communications psychology, 3*(1), p.4.

Park, S.(2025.3.11). The toxic reasons we fall in love with AI. Time. https://time.com/7266050/toxic-reasons-fall-in-love-wit

h-ai/

Smith, C. A. & Lazarus, R. S.(1990). Emotion and adaptation. In Pervin, L. A.(ed.). *Handbook of personality: Theory and research*, pp.609~637. Guilford Press.

08
감정 노동 아웃소싱과 감성 AI

감정 노동을 AI가 대체하거나 보완함으로써 비용 절감과 인력 부족 문제를 해소할 수 있지만, 인간의 정서적 돌봄이 자동화함에 따라 '인간성 훼손' 우려와 자본주의적 효율 추구 간의 윤리적 딜레마가 부각된다. 의료, 교육, 상담 등 다양한 분야에서 감성 AI 기술은 긍정적 가능성을 열어 주나, 이를 무비판적으로 도입할 경우 인간 고유의 공감 능력과 사회적 유대가 약화할 위험이 따른다.

AI와 한의학?

감정 노동의 아웃소싱과 감성 AI: 자본주의적 효율과 윤리적 딜레마

서비스 산업에서 감정 노동은 고객과의 상호작용, 조직 내 관계, 직무 만족도 등 여러 측면에서 핵심적인 역할을 담당한다. 특히 의료, 고객 서비스, 상담 등 감정 노동이 필수적인 분야에서 그 영향력은 더욱 두드러진다. 최근에는 감정 인식 기술(emotion AI, Affective Computing)과 대화형 챗봇, 대규모 언어모델(LLM) 기반 어시스턴트 등이 감정 노동의 부담을 덜어 주거나 보완하는 설루션으로 빠르게 도입되고 있다.

글로벌 감정 AI 시장은 2024년 약 29억 달러(약 3.9조 원) 규모로 평가되며, 2025년부터 2034년까지 연평균 21.7%의 높은 성장률이 예상된다. 이는 불안, 우울, 스트레스 등 정신적 고통을 호소하는 인구가 전 세계적으로 증가함에 따라 보다 정교한 진단과 치료를 지원할 수 있는 감정 AI 기술에 대한 수요가 확장되고 있음을 시사한다. 감정 AI 시스템은 생체 신호, 표정, 음성 톤 등을 종합적으로 분석하여 불안정한 감정을 식별하고, 이를 기반으로 개인의 정서 상태를 세밀하게 파악한다. 예컨대, 오그니토(Augnito)에서 개발한 AI 치료 챗봇은 우울증 증상을 약 64%까지 감소하는 효과가 있다고 보고된

바 있다. 또한 상담 도중 발생하는 음성 톤, 단어 선택, 미세 표정 등을 분석함으로써 정신 질환의 초기 징후를 사전에 감지할 수 있다는 점에서 감성 분석 기술은 상담 분야에서도 긍정적인 활용 가능성을 보인다. 한편 고객 서비스 영역에서 감정 AI를 적용하면 고객의 말투나 어조를 통해 분노, 불만 등 부정적 감정을 인식하여 상담원이 보다 적절하고 섬세하게 대응할 수 있다(Ambekar & Wadhwani, 2025).

AI는 감정 노동을 대체하거나 보완하는 수단으로 주목받으며, 기업과 정부는 노인 요양, 콜센터와 같은 감정적 돌봄이 필요한 영역에 로봇이나 챗봇을 투입해 인건비 절감과 업무 효율 향상을 기대한다. 예를 들면, 일본 정부는 심각한 고령화와 출생률 감소로 인해 노인 돌봄 인력 부족 문제가 대두하자 로봇 기술 장려 정책을 통해 사회적 로봇(social robots)을 요양 시설 등에 도입하고 있다(Aronsson, 2020). 실제로 도쿄의 한 노인 요양 시설에서는 로봇이 팝송을 부르며 고령자의 스트레칭을 유도하고, 직원들은 보다 복잡한 돌봄 업무에 집중하는 방식으로 인력 배치를 최적화하고 있다(Takenaka, 2025).

AI 로봇이 이처럼 간단한 노인 돌봄 활동을 수행함으

로써 인력 부족 문제를 어느 정도 해소할 수 있다는 점이 부각된다. 더 나아가 노인 돌봄 로봇은 치매 환자와 일방적 대화를 지속하면서도 기억을 잃지 않는 인공 친구로서의 매력도 갖추고 있어 독거 노인의 고립감을 줄이는 데 보탬이 될 수 있다.

감정 AI가 의료, 고객 서비스, 교육 등 다양한 분야에서 혁신을 가져올 것이라는 기대가 높아지는 반면, 기술 의존도 상승에 따른 잠재적 한계와 부작용에 대한 우려 역시 제기된다. 무엇보다 AI 로봇이나 챗봇이 제공하는 편의성은 매력적이나, 이 과정에서 인간만이 갖는 '공감'과 '관계 맺기'가 자동화되거나 단순화되어 결과적으로 인간성이 훼손될 위험이 있다. 또한 감정 노동을 AI로 외주화하여 얻는 경제적 이익과 사회적 가치를 어떻게 균형 있게 유지할 것인지도 중대한 과제다. 자본주의적 관점에서는 생산성 극대화가 우선 과제로 부상하지만, 윤리적 측면에서는 AI가 감정 노동을 대체함으로써 인간의 사회적 성장과 공동체적 유대를 약화할 수 있다.

AI가 감정 노동을 완전히 대체할 수 있는지는 여전히 논쟁적이다. 기술적으로 AI는 인간의 정서적 교감이나 맥락 이해에 한계를 보이며, 설령 이러한 한계를 극복한다 하더라도 AI가 공감과 애정의 대상으로 인정받을 수 있는지는 별개의 철학적 · 윤리적 문제를 제기한다. AI는 단순하고 반복적인 감정 지원에는 효과적이지만, 복잡한 인간관계나 심층적인 돌봄 상황에서는 보조적 역할에 그친다. 또한 피지컬 AI가 인간과 유사한 외형과 행동을 갖추더라도, 이를 인간과 동등한 존재로 간주할 수 있는지는 또 다른 문제다.

미래 사회에서 중요한 것은 AI 기술 발전 그 자체만이 아니라, 이를 어떻게 '인간 중심'의 가치와 연결해 활용할 것인지에 대한 성찰이다. 섀넌 밸러(Shannon Vallor)는 인간이 '기술-도덕적 미덕(technomoral virtues)'을 함양해야 비로소 좋은 삶을 영위할 수 있다고 주장하며 21세기에는 기술적 역량과 사회적 관습 · 가치 · 제도가 상호 진화하는 '기술-사회적 미래(technosocial future)'를 설계하는 일이 중요하다고 역설한다(Vallor, 2016).

즉, 우리는 신기술의 활용 목적과 그것이 인간에게 미치는 영향을 끊임없이 성찰하며, 기술의 이점과 위험성을 균형 있게 평가해야 한다. 감정 노동, 노인 요양, 의료, 교육과 같은 인간적 돌봄 영역에 AI 기술을 무비판적으로 도입하기보다는, 효율성과 인간성 사이의 긴장을 조율할 수 있는 제도적 · 문화적 장치 마련이 필요하다. 이를 위해 정책 입안자, 기업, 학계, 시민 사회가 협력하여 기술의 윤리적 기준을 수립하고, 인간 고유의 정서 및 관계 능력에 관한 철학적·사회적 합의를 지속적으로 모색해야 한다.

정서적 상호작용과 신뢰 형성: 감성 AI가 대체할 수 있는 인간관계의 영역은?

감정적 상호작용 능력을 갖춘 AI가 빠르게 일상에 침투함에 따라 우리는 AI를 부모, 교사, 의사, 변호사, 상담사 등 다양한 '인간관계 역할'로 수용하게 될 가능성이 커지고 있다. 그런데 만약 AI 휴머노이드 로봇이 부모 역할을 대신한다면 아이의 정서적 공감 능력과 사회적 기술(social skills)은 어떤 영향을 받을까? 또 AI가 교사나 상담가로 활동한다면, 학생이나 환자의 심리적 안정과 대인 관계 형성은 어떻게 달라질까? 이러한 의문이 제기된다.

이러한 일련의 질문에 대한 답변을 위해 이론적 배경 가운데 하나로 '미디어 등가 이론(Media Equation Theory)'을 떠올려 볼 수 있다. 이 이론에 따르면, 사람들은 컴퓨터, TV, 뉴미디어 등 기계적 대상과의 상호작용에서도 실제 인간과의 상호작용처럼 사회적으로 행동하며 자연스럽게 반응한다. 즉, 사람들은 미디어(기계)

에게도 예의 바르게 대하거나, 칭찬에 기분이 좋아지거나, 심지어 기계가 감정적으로 반응할 때 더 신뢰하거나 친밀감을 느끼게 된다. 이와 같은 현상은 자동적이고 무의식적으로 일어나며 미디어를 사회적 존재로 인식하고 인간관계에서 적용하는 규칙과 기대를 미디어에도 적용하는 경향이 있다(Reeves & Nass, 1996).

인간은 기계적 대상에게도 기본적인 사회적 예의를 적용하며 상대가 감정적으로 반응할수록 더욱 신뢰하거나 친밀감을 느낀다. 이는 AI가 인간과 충분히 유사하여 소통하고 지시하고 상호작용하며 사회적 반응을 유발할 수 있음을 엿보게 한다. 또한 아주 정교화한 AI가 인간의 심리, 정서적 요구를 효과적으로 충족할 수 있음을 시사한다.

그러나 이러한 '정서적 대체'는 새로운 의존성을 초래한다. 인간이 AI의 감정 표현을 맹신할 경우 기술적 오류나 윤리적 결함을 제대로 인지하거나 대응하기 어려워지기 때문이다. 예컨대, 상담 로봇의 부적절한 조언이나 감성 AI의 잘못된 인간관계 진단을 사용자가 무비판적으로 받아들인다면 심리적 혼란이나 정서적 고립과 같은 심각한 결과를 초래할 수 있다. 따라서 사용자는 AI에 대한 신뢰와 의존의 한계를 사회적으로 학습해야 하며,

이는 개인의 디지털 리터러시를 넘어 국가, 교육 기관, 기술 기업의 공동 책임 영역이다.

도덕적 인공지능 설계와 감성 AI: 정서와 이성의 융합을 향한 실천 과제

인간은 내부 상태를 전달하기 위해 다양한 양식의 신호를 사용한다. 예를 들어, 상호작용 시 인간은 얼굴 표정, 제스처, 음성 등을 통해 감정을 표현하고 동시에 타인의 감정을 인식한다. 이러한 다중 양식 신호들 사이에는 복잡한 관계가 존재하며 경우에 따라 상호 상관성을 보이기도 하고 보완적인 특성을 나타내기도 한다. 특히 정서 표현은 인간의 신체와 밀접하게 연관되어 있고 다양한 양식의 신호에 광범위하게 반영되기 때문에 감정 상태를 정확히 추정하기 위해서는 정보성이 높은 신호를 선별할 필요가 있다(Horii & Nagai, 2021).

감정 인식과 표현 능력을 갖춘 감성 AI가 정교해짐에 따라, 인간의 도덕 판단 메커니즘을 어떻게 반영해 설계할 것인가라는 문제가 대두한다. 인간의 도덕적 판단은 합리적 추론과 정서적 반응이 얽힌 복합적 과정이기에 이를 모사하거나 지원하려면 몇 가지 핵심 요소를 고려해야 한다.

첫째, AI는 사용자의 표정, 음성, 상황적 맥락 등 다양한 멀티모달 데이터를 기반으로 적절한 정서적 반응을 예측하고 지속적으로 갱신할 수 있어야 한다. 이는 예측적 코딩(predictive coding) 관점과 깊은 관련이 있는데, 환경 변화나 사용자 피드백을 통해 정서적 · 도덕적 판단의 오류를 지속적으로 보정하는 과정이 대표적 예다. 여기서 '자유 에너지 최소화'는 곧 예측 오류(prediction error)를 줄이는 것을 의미하며 대뇌피질 계층 간 뉴런의 정보 전달 메커니즘을 설명하는 데 널리 활용된다(Friston, 2010).

둘째, 분노, 슬픔, 연민 등 다양한 정서를 AI가 개념적으로 분류 · 학습하여, 구체적 상황에서 적절하게 적용하도록 하는 알고리즘 설계가 요구된다.

셋째, 문화 · 사회적 맥락에 따라 다른 가치관과 표현 방식을 이해하고, 이를 '공정성'과 '윤리성'의 기준으로 반영하는 것이 필수다. 예컨대, 한 문화권에서 '존중'으로 간주되는 표현이 다른 문화권에서는 '거리 두기'로 해석될 수 있으므로, AI 설계자는 지역적 · 문화적 차이를 고려해야 한다.

감성 AI가 인간의 윤리적 결정을 재현하거나 대체하는 수준에 이를수록, 정치 · 경제 · 문화 · 안보 전반에 미치는 영향력은 급속히 증가할 것이다. 예컨대, 공공 정책 결정 과정에서 AI가 도덕적 · 정서적 판단을 기반으로 복지 및 국방 관련 의제를 제시한다면, 이는 사회 전체의 가치관과 자원 배분 문제에 직접적으로 연결된다. 따라서 AI 개발자와 정책 입안자, 시민 사회는 도덕적 · 법적 책임 기준을 명확히 하고 의사 결정 과정의 투명성과 공정성을 확보하기 위한 제도적 장치를 마련해야 한다. 또한, AI가 인간성을 어디까지 보완할 수 있고, 어느 수준까지 인간의 윤리적 판단을 존중해야 하는지에 대한 사회적 논의가 꾸준히 이루어져야 한다.

궁극적으로 감성 AI의 발전은 정서와 이성을 조화롭게 결합한 기술을 통해 사회적 효용성을 높이면서도 인간다움을 지켜야 한다는 과제를 남긴다. 이를 위해 철학적 원리와 정치 · 경제 · 사회 문화 · 안보 등의 실천 영역에서 새로운 제도와 규범을 정립하는 한편, 시민 개개인이 AI 시대의 윤리적 사고를 실천할 수 있도록 지속적인 교육과 담론 형성이 필요하다. 감성과 이성이 균형을 이룬 '도덕적 AI'를 향한 깊은 탐구는, 기술 발전이 인간과 공동체에 기여해야 할 방향을 성찰하는 데 중요한 통찰을 제공할 것이다.

참고문헌

Ambekar, A. & Wadhwani, P.(2025). Emotion AI market size, 2025 – 2034 trends report. GMIPulse. https://www.gminsights.com/industry-analysis/emotion-ai-market

Aronsson, A. S.(2020). Social robots in elder care the turn toward emotional machines in contemporary Japan. *Japanese review of cultural anthropology, 21*(1), pp.421～455.

Friston, K.(2010). The free-energy principle: A unified brain theory?. *Nature reviews neuroscience, 11*(2), pp.127～138.

Horii, T. & Nagai, Y.(2021). Active inference through energy minimization in multimodal affective human-robot interaction. *Frontiers in robotics and AI, 8*, p.684401.

Reeves, B. & Nass, C.(1996). *The media equation: How people treat computers, television, and new media like real people and places*. Cambridge.

Takenaka, K.(2025.2.28). AI robots may hold key to nursing Japan's ageing population. Reuters. https://www.reuters.com/technology/artificial-intelligence/ai-robots-may-hold-key-nursing-japans-ageing-population-2025-02-28/

Vallor, S.(2015). Moral deskilling and upskilling in a new machine age: Reflections on the ambiguous future of character. *Philosophy & technology, 28*, pp.107～124.

Vallor, S.(2016). Introduction: Envisioning the good life in the 21st century and beyond. *Technology and the virtues: A philosophical guide to a future worth wanting*, pp.1～13. Oxford University Press.

09
도덕적 AI를 위한 윤리적 기준과 사회적 책임

예측 알고리즘은 음악 추천부터 범죄 재범 가능성 예측에 이르는 다양한 영역에서 사실상 결정권자 역할을 수행하며, 편향이나 공정성 문제를 유발할 위험이 있다. 따라서 AI 개발과 운영 과정 전반에서 투명성, 공정성, 책임성, 이해 가능성 같은 윤리 원칙을 체계적으로 준수하고, 이를 법 · 제도 · 교육 측면에서 뒷받침해야 한다. 궁극적으로 시민 사회 · 정치권 · 기업 · 학계가 협력해 AI 기술을 인간 번영에 기여하는 방향으로 이끄는 거버넌스 체계를 구축하는 일이 필수다.

AI와 화장품?

AI 윤리의 핵심 원칙과 구현 전략

현대 정보 기술의 비약적 발전은 일상 전반에 예측 알고리즘의 영향을 확산시켰다. 음악 추천, 광고, 대학 입학, 채용, 대출 승인 등에서 알고리즘은 개인의 클릭 기록, 구매 이력, 소셜 미디어 활동 등을 분석해 맞춤형 정보를 제공하며, 이는 사용자의 선택을 제한하거나 특정 방향으로 유도하는 역할을 한다. 이러한 알고리즘은 입력값을 수학적으로 처리해 주식 가격, 광고 시점, 영화 흥행, 범죄 재범 가능성 등 다양한 영역의 주요 의사 결정에도 활용된다. 특히 재범 예측 알고리즘은 피고인의 전력과 사회적 요인을 종합 분석해 위험 지수를 산출하여 형사 사법 절차에서 판결이나 보석 결정에 실질적인 영향을 미친다.

채용이나 대출 심사에서도 AI 기반 분석 모델은 이력서나 신용 정보를 바탕으로 합격 여부나 금리 · 한도를 사실상 결정하거나 강하게 권고하며, 인간 삶의 주요 결정에 대한 영향력을 확대하고 있다. 이는 효율성과 비용 절감이라는 기술 도입의 이점 외에도, 공정성 · 투명성 · 윤리적 책임 등 복합적 고려가 필수임을 보여 준다. 알고리즘이 의사 결정의 핵심 수단이 된 오늘날, 기술이 초래할 수 있는 편향과 위험을 최소화하고 사회적 가치를 보호하기 위한 제도적 · 윤리적 논의가 더욱 절실하다.

형사 사법 시스템에서는 범죄 발생 가능성, 폭력 위험, 법정 불출석, 재범 위험 등을 평가하기 위해 알고리즘이 사용되어 왔다. 대표 사례는 1998년 미국에서 도입된 컴퍼스(Correctional Offender Management Profiling for Alternative Sanctions, COMPAS)로, 2000년부터 재범 위험 예측에 활용되고 있다(Dressel & Farid, 2018). 이 시스템은 피고인의 사회 경제적 배경과 범죄 이력을 바탕으로 2년 내 재범 확률을 점수화하며, 판사나 교정 당국은 이를 보석 여부나 구금 수준 판단에 참고한다. 민간 기업 이퀴번트(Equivant, 구 Northpointe)가 개발한 컴퍼스(COMPAS)는 137개 문항의 응답 데이터를 입력값으로 활용하고, 일부는 피고인이 직접 응답하며 일부는 형사 기록에서 추출된다. 현재 이 소프트웨어는 미국 내 여러 주에서 보석, 가석방, 양형 결정에 폭넓게 사용되고 있다(Vaccaro, 2019).

알고리즘 기반 위험 평가는 피고인의 미래를 좌우하는 핵심 수단이지만, 본질적으로 결함 없는 기술은 아니다. 이 알고리즘이 인종적 · 사회적 편향을 내포하고 있으며, 판결의 공정성을 저해할 수 있다는 우려가 지속적으로 제기되어 왔다. 위험 평가는 과거 행동이 미래를 예측한다는 전제에 기초하지만, 이는 '한번 범죄자면, 영원한 범죄자'라는 단순화된 인식을 반영한다. 알고리즘의 수학적 정밀성은 인간 행동의 예측 가능성에 대한 과도한 신뢰를 유노하며, 결과적으로 형사 사법 결정을 '과학'이라는 외양 아래 은폐할 위험이 있다. 특히 컴퍼스는 여성의 재범 가능성을 과대평가하는 경향이 있으며, 이는 여성 피고인에게 불공정한 판결로 이어질 수 있다. 연구에 따르면 여성은 남성보다 신규 범죄를 저지를 가능성이 현저히 낮으며, 실제 미국 내 대규모 연구에서도 성별은 재범 가능성과 유의미한 상관관계를 가지는 강력한 예측 변수로 나타난다(Hamilton, 2015; Hamilton, 2019a; Hamilton, 2019b; Hamilton, 2019c).

한편, 채용 과정 역시 알고리즘 활용이 빠르게 확산하는 영역 중 하나다. 머신 러닝 모델이 지원자의 이력서, 온라인 포트폴리오, 소셜 미디어 활동 등을 자동 평가해 면접 대상자를 선정하거나 최종 합격 여부를 결정하기도 하며 이를 통해 기업은 채용 효율을 높이고 편향을 완화할 수 있다는 기대를 갖는다. 그러나 현재까지 이러한 기법들이 실제 현장에서 어떻게 구현되고 있는지에 대해서는 알려진 바가 거의 없다(Raghavan et al., 2020).

알고리즘 학습에 활용되는 데이터가 특정 인종, 성별, 지역에 대한 차별적 패턴을 반영할 경우, 기존의 편향이 자동화되어 오히려 강화될 수 있다. 이는 기업의 인적 자원 관리 전반에 걸쳐 'AI가 과연 윤리성과 투명성을 충족하고 있는가'라는 근본적 의문을 제기하며, 편향을 줄이기 위한 데이터 검증 및 알고리즘 감리 체계의 구축이 필수임을 시사한다.

AI가 다양한 사회 영역에서 사실상 결정권자에 준하는 역할을 수행하게 되면서, 인공지능의 판단이 지니는 도덕적 정당성과 책임성은 중요한 공적 쟁점으로 부상하고 있다. 특히 생명, 안전, 권리에 직결되는 의료 · 교육 · 교통 분야에서는 'AI가 어떤 윤리 기준에 따라 의사결정을 내려야 하는가'에 대한 명확한 원칙과 지침이 요구된다. 예를 들어, 의료 진단 알고리즘이 환자 데이터를 분석해 치료 방안을 제시할 경우, 해당 모델의 학습 데이터 구성과 함께 환자 존중, 형평성, 사생활 보호 중 어떤 윤리적 가치를 우선했는지에 대한 투명성과 공정성 확보가 필수다.

AI는 교육 분야에서도 다양한 방식으로 활용되며 영향을 확대하고 있다. 개인 맞춤형 학습을 지원하는 가상 비서부터 교사와 학생의 활동을 추적 · 분석하는 시스템에 이르기까지, AI의 잠재적 이점은 종종 프라이버시나 학습자 복지에 대한 우려와 함께 논의된다. 이러한 변화는 기존 교육 시스템의 개혁 필요성을 부각하며, 교육의 구조와 목적에 대한 재고를 요구하고 있다(Dignum, 2021).

AI 도입과 확산이 초래하는 경제 · 사회 · 문화적 영향을 관리하기 위해서는 사회적 책임을 기반으로 한 거버넌스 체계 구축이 필수다. 이를 위해 정부, 기업, 학계, 시민 사회 등 다양한 이해관계자가 협력해 AI의 전반적 활용을 점검하고, 문제가 발생할 경우 이를 시정할 법적 · 제도적 장치를 마련해야 한다. 이는 AI가 단순한 기술 도구를 넘어 사회적 가치와 윤리적 책임을 고려하는 '도덕적 에이전트(moral agent)'로 발전하기 위한 필수 조건이다. 나아가 투명성, 공정성, 책임성, 이해 가능성 등의 윤리 원칙을 개발하고 운영 전 과정에 체계적으로 적용함으로써, AI가 미래 사회에서 인간 존엄성과 공동체적 가치를 증진하는 방향으로 작동하도록 이끌 수 있다(IEEE, 2019).

AI가 초래할 수 있는 위험에 대응하려면, 설계부터 활용까지 전 과정에 걸쳐 윤리 원칙을 정립하고 이를 실행 가능한 지침으로 구체화해야 한다. 그러나 윤리 원칙은 문화와 적용 분야에 따라 다르며, 실제 적용 과정에서 이해관계자 간의 이견도 발생한다. 그럼에도 다양한 윤리 프레임워크는 선의(beneficence), 무해(nonmaleficence), 자율성(autonomy), 정의(justice) 등 생명윤리의 핵심 가치와 상당 부분 중첩되며, 이는 AI 전반에 걸쳐 실질적으로 구현되어야 한다. 이러한 원칙이 선언에 그치지 않도록, 예측 기술을 활용한 위험 식별과 비윤리적 결정 방지를 위한 전략도 병행되어야 한다. 이는 불확실성과 반발로 인해 포기해야 했던 다양한 시도를 가능케 하여 기회비용을 줄이는 데 기여한다.

AI 기술이 사회 및 경제에 미치는 영향이 광범위해짐에 따라, 윤리적 규범의 정립은 선택이 아닌 필수가 되었다. 이를 소홀히 할 경우 개인의 권리와 사회적 가치가 훼손되고, 기술에 대한 저항이 커져 혁신의 기회가 상실될 수 있다. 과거 산업 혁명 당시 노동 규제 실패와 환경 피해에 대한 늦은 대응이 초래한 대가는 이러한 위험을 분명히 보여 준다. 이제 우리는 포스트-AI 시대에 맞는 제도와 가치 체계 구축이라는 과제에 직면하고 있으며, 이에 에이아이포피플(AI4People), 전기전자공학자협회(IEEE) 이니셔티브, EU AI 전략, AI 협력 선언, 파트너십 온 에이아이(Partnership on AI) 같은 국제 협력체가 핵심 역할을 수행하고 있다. 궁극적으로 시민 사회, 정치권, 기업, 학계가 협력하여 AI의 역량을 인간 번영(human flourishing)에 기여하도록 이끄는 공동 전략을 수립해야 한다. 이는 단순한 위험 회피를 넘어, AI의 윤리적 · 사회적 잠재력을 극대화하는 방향으로 나아가는 일이다. 효율성과 이익을 넘어서 인간 존엄과 공공선의 실현을 지향할 때, AI는 진정한 긍정적 혁신이자 인류 공동의 자산으로 자리매김할 수 있을 것이다.

거버넌스와 이해관계자 참여: 사회적 책임의 확대

AI가 도덕적 판단을 수행하기 위해 가장 먼저 고려해야 할 것은 어떤 윤리 체계나 가치 기반을 채택할 것인가다. 현재까지 제시된 주요 윤리적 접근 방식에는 규범 윤리학, 공리주의, 덕 윤리학 등이 있으며, AI는 이들 중 하나 또는 복합 모델을 적용할 수 있다. 예를 들어, 자율주행 자동차가 피해 최소화를 목표로 하는 방식은 공리주의적 접근이고, 절대 금기를 설정하는 방식은 규범 윤리학에 가깝다. 그러나 각 이론은 한계와 장점을 동시에 지니므로, 단일 윤리 기준에 의존하기보다는 다양한 도덕 원칙을 균형 있게 반영하는 도덕적 플러럴리즘(pluralism)

관점이 요구된다.

그러나 AI가 도덕적 판단을 내릴 수 있도록 설계되더라도, 그 판단이 현실 사회에서 어떤 결과를 초래할지는 거버넌스 구조와 이해관계자의 참여 방식에 따라 달라진다. 정부, 기업, 학계, 시민 사회는 AI의 활용 단계별로 상이한 역할과 책임을 지며, 이를 실효성 있게 이행하기 위해 제도화된 협력 체계가 필요하다. 예컨대 정부는 공공 이익 보호를 위한 법적 규제를, 기업은 자율 규제와 내부 규범 정착을, 학계는 과학적 근거 제공을, 시민 사회는 감시와 비판적 검토를 통해 윤리적 운영을 공동으로 견인해야 한다.

특히 AI가 의료, 복지, 국방, 교육 등 공공 정책 결정에 개입하는 경우, 사회적 자원 배분과 관련한 도덕적 판단이 불가피해진다. 이때 알고리즘이 불투명하게 작동하거나 윤리 논란을 유발할 경우, 시민의 신뢰 훼손은 물론 기본권 침해까지 초래할 수 있다. 따라서 AI 기반 의사결정에는 인간 감독, 정기적 평가 체계, 이의 제기 절차가 반드시 마련되어야 하며, 이는 사회적 책임을 실질화하는 핵심 수단이다.

AI는 국가와 문화를 초월해 활용되기 때문에, 관련된 윤리 · 법 · 사회적 쟁점은 개별 국가의 규제 체계를 넘어서는 국제적 협력과 글로벌 기준 정립도 요구한다. 다층적 거버넌스를 기반으로 한 규범적 체계를 통해서만 AI가 도덕적 판단 주체로 기능하며, 기술 혁신이 인간성과 공동체 가치를 증진하는 방향으로 작동할 수 있을 것이다.

참고문헌

Dignum, V.(2021). The role and challenges of education for responsible AI. *London review of education, 19*(1), pp.1～11.

Dressel, J. & Farid, H.(2018). The accuracy, fairness, and limits of predicting recidivism. *Science advances, 4*(1), eaao5580.

Hamilton, M.(2015). Back to the future: The influence of criminal history on risk assessment. *Berkeley journal of criminal law, 20*, pp.75～133. https://ssrn.com/abstract=2555878

Hamilton, M.(2019a). The sexist algorithm. *Behavioral sciences & the law, 37*(2), pp.145～157. https://doi.org/10.1002/bsl.2406

Hamilton, M.(2019b). The biased algorithm: Evidence of disparate impact on Hispanics. *American criminal law review, 56*(4), pp.1553～1577. https://www.law.georgetown.edu/american-criminal-law-review/the-biased-algorithm-evidence-of-disparate-impact-on-hispanics/

Hamilton, M.(2019c). Debating algorithmic fairness. *UC davis law review online, 52*(4), pp.261～296. https://lawreview.law.ucdavis.edu/online/vol52/52-online

-Hamilton.pdf

IEEE(2019). Ethically aligned design: A vision for prioritizing human well-being with autonomous and intelligent systems.

Raghavan, M., et al.(2020). Mitigating bias in algorithmic hiring: Evaluating claims and practices. *Proceedings of the 2020 conference on fairness, accountability, and transparency*, pp.469~481.

Taddeo, M. & Floridi, L.(2018). How AI can be a force for good. *Science, 361*(6404), pp.751~752. https://doi.org/10.1126/science.aat5991

Vaccaro, M. A.(2019). Algorithms in human decision-making: A case study with the COMPAS risk assessment software. Doctoral dissertation, Harvard College.

10
도덕적 탈숙련화와 도덕적 AI의 한계 및 도전 과제

AI가 인간처럼 정서적 직관과 도덕적 숙고를 구현하며 그 책임까지 질 수 있는지, 곧 '윤리적 의사 결정자'나 '도덕적 존재'가 될 수 있는지는 여전히 기술 · 철학 · 법의 과제로 남아 있다. AI가 '도덕적 탈숙련화'를 일으킨다는 우려도 제기되지만, 이를 예방하려면 '덕 윤리'와 책임 있는 거버넌스가 필수다. AI가 인간의 윤리적 능력과 정서적 공감을 강화할지, 아니면 약화할지는 다학제 협력과 제도 설계, 그리고 '도덕적 재숙련'을 위한 문화 · 사회적 노력이 결정할 것이다.

종교와 AI?

인간적 정서와 도덕적 숙고: AI는 '윤리적 의사 결정자'이자 '도덕적 존재'가 될 수 있는가?

AI가 도덕적 판단을 내리는 주체가 될 수 있을지는 기술적·철학적·사회적 측면에서 여전히 불투명하며, 더 나아가 AI 자체가 도덕적 존재로 인정받을 수 있는가는 심층적인 철학적 논란을 수반한다. 감성 컴퓨팅과 윤리적 AI를 둘러싼 다양한 시도가 이루어지고 있지만, (1) AI가 인간과 유사한 '정서적 직관'과 '도덕적 숙고'를 구현할 수 있는지, (2) 그러한 AI에게 도덕적 지위나 권리를 부여할 수 있는지는 서로 다른 층위에서 복합적인 논쟁을 일으키고 있다.

감성 컴퓨팅 기술은 표정·음성·생체 신호 등을 분석하여 감정을 인식·표현하도록 시도하지만, 이는 곧바로 '도덕적 판단'으로 연결되지 않는다. 인간은 정서와 이성이 결합된 복잡한 인지 과정을 거쳐 도덕적 결정을 내리며, 이러한 결정 과정은 윤리학의 다양한 이론들, 예컨대 공리주의, 의무론, 덕 윤리학 등을 통해 설명될 수 있다. 그러나 이처럼 다층적·복합적인 윤리 이론을 그대로 알고리즘으로 옮기는 일은 기술적 모호성과 철학적 난점을 동시에 안고 있다. 예컨대 자율주행 자동차가 '최소한의 피해'를 지향하는 충돌 알고리즘을 탑재하는 경우, 이는 결과 중심의 공리주의적 접근에 해당한다. 그러나 이는 모든 인간 생명을 동등하게 보호해야 한다는 원칙처럼, 의무론적 윤리의 핵심 가치와 충돌할 수 있다. 더욱이 빅 데이터가 본질적으로 편향을 내포할 경우, AI의 도덕적 판단 역시 부정확하거나 불공정한 결과를 낳을 가능성이 높다. 형사 사법 시스템에서 재범 가능성을 예측하는 알고리즘이 특정 인종이나 취약 계층을 편파적으로 처벌하게 만드는 문제 등이 대표적 사례다.

AI가 인간과 마찬가지로 '도덕적 존재(moral being)'로 인정받기 위해서는, 단순히 도덕적 행동을 산출하는 단계에서 나아가 의도와 윤리적 책임을 부여받아야 한다. 이는 AI가 어떻게 '의식'이나 '경험'을 지닐 수 있는가에 대한 신경윤리학의 논의와도 맞물려 있다. 인간의 뇌는 인지적, 정서적 요소가 서로 영향을 주고받으며 '공감(empathy)'과 '도덕적 직관'을 형성하는데, 현재 기술 수준으로는 이 과정을 기계가 온전히 모사하기 어렵다.

또한 AI가 도덕적 지위를 갖추려면 잘못된 결정이 발생했을 때의 '책임 소재'와 '법적 권리'까지도 함께 논의되어야 한다. AI가 '윤리적 의사 결정자'로서 행동하는 순간, 그 의사 결정의 결과로 발생한 피해와 공익에 대해 어디까지 AI 스스로가 책임져야 하며, 이를 위해서는 어떠한 권리나 의무가 수반되어야 하는가 등의 문제가 필연적으로 등장한다. 이는 기술적 발전만으로 해결될 수 없으며 철학 · 윤리 · 법 · 사회학 등 다양한 분야의 협력이 요구된다.

결국 AI가 '도덕적 판단'을 내릴 수 있는지와, 나아가 '도덕적 존재'로 거듭날 수 있는지에 대한 논의는 상호 긴밀하게 연결되어 있다. 편향된 데이터나 알고리즘적 불투명성 등을 극복하기 위해서는 설명 가능성과 투명성을 확보하고, 윤리 원칙을 체계적으로 반영한 설계를 마련해야 한다. 그러나 인간의 정서적 · 인지적 복잡성을 기계가 재현하기 위해서는 수리 · 계산적 접근에 국한되지 않는 폭넓은 학제 간 연구가 필수다.

미래에 AI가 법적 · 도덕적 책임을 어느 정도 지닐 수 있을지, 혹은 인간 고유의 도덕적 숙고를 완전히 대체할 수 있을지는 아직 불확실하다. 다만 AI 기술이 교육 · 의료 · 법률 등의 다양한 사회 영역에서 점차 의사 결정 주체로 자리매김하고 있는 현실을 고려할 때, 도덕적 · 윤리적 측면에서 AI와 인간의 역할을 재조정하는 논의는 더욱 긴요해질 것이다. 이를 통해 AI가 '인간 중심 가치체계' 안에서 발전하고 적용되는 동시에, 인간다움의 의미와 한계를 심층적으로 재탐색하는 기회가 마련될 수 있을 것이다.

도덕적 AI와 도덕적 탈숙련화: 신뢰, 감정적 공감, 덕 윤리, 그리고 '기술-사회적 미래'

AI가 교육 · 의료 · 법률 · 복지 등 다양한 분야에서 '윤리적 에이전트'로 작동하려면, 기술적 가능성과 한계를 종합적으로 고려한 전략적 거버넌스가 필수다. 예컨대 의료 분야에서 AI가 환자의 생체 정보를 분석해 치료 계획을 제시하려면, 환자의 자율성과 생명윤리는 물론 개인 정보 보호 문제까지도 균형 있게 충족해야 한다. 또한 법률 · 복지 영역에서 취약 계층 지원 대상 선정에 AI가 개입할 경우, 공정성(fairness), 투명성(transparency), 책임성(accountability)을 보장하는 제도적 장치가 마련되어야 한다. 이를 위해 정부 · 기업 · 학계 · 시민 사회 등 다양한 이해관계자가 협력 체계를 구축하고, 법 · 정책 차원에서 윤리 지침을 정비함과 동시에 AI 윤리 교육 및 감사 시스템을 도입할 필요가 있다.

한편, 투명성 · 정의와 공정성 · 무해성 · 책임성 · 프라이버시라는 다섯 가지 핵심 윤리 원칙에 대해 전 세계적으로 공감대가 형성되었으나, 각 원칙의 해석 방식과 중요성의 근거, 적용 분야, 구현 방식 등에서는 여전히 실질적 차이가 존재한다. 이는 가이드라인 개발 노력과 윤리 분석, 실행 전략 간의 긴밀한 통합이 얼마나 중요한지를 보여 주는 사례이기도 하다(Jobin et al., 2019). 즉, 선언적 원칙 제시에 그치지 않고, 구체적 실행 가능성과 맥락에 기반한 윤리적 숙고가 병행되어야 윤리적 AI 실현이 가능하다.

그러나 기술적, 제도적 요건을 충족하더라도 인간적 정서와 깊이 맞닿는 도덕적, 심리적 차원에서의 숙고가 제대로 구현되지 못한다면 AI가 사회적 신뢰를 얻어 내기가 어려울 수 있다. 특히 상담, 노인 돌봄, 심리 치료, 교육 등 감정적 돌봄이 필요한 영역에서 AI가 제공하는 정서적 공감이 피상적 수준에 머물거나, 편향된 데이터로 인해 잘못된 반응을 보일 경우, 심리적 안정보다는 정서적 소외나 심리 발달의 지체를 초래할 위험이 있다. 도덕적 통찰과 감정적 민감성이 모두 요구되는 영역에서 AI가 '윤리적 에이전트'로 작동하려면, 설계 단계부터 인간의 경험과 정서적 토대를 긴밀히 고려하는 통합적 접근이 필수다.

소셜 인공지능(social AI)의 급속한 발전은 인간의 사회적, 정서적 요구를 충족하는 한편, 새로운 윤리적 문제를 야기한다. 섀넌 밸러(Shannon Vallor)는 이러한 상황에서 특히 '도덕적 탈숙련화(moral deskilling)'의 위험성을 강조한다. 밸러에 따르면, 인공지능 기술이 자동화와 편의를 제공함으로써 인간의 도덕적 판단과 실천 기회를 축소할 수 있으며, 이는 필연적으로 인간의 도덕적 기술 약화와 윤리적 상호작용 역량의 퇴행을 초래할 가능성이 있다(Vallor, 2015). 소셜 AI는 고립감을 완화하거나 외로움을 해소할 수 있는 잠재력을 지닌다는 장점이 있지만, 실제 서비스 과정에서는 사용자 요구와 시장 논리를 우선시함으로써 도덕적 성장을 위한 복잡한 인간적 교류가 충분히 이루어지지 못한다. 이때 AI와의 지나친 상호작용은 인간 간 공감을 약화하고 진정한 교류의 기회를 감소해, 결과적으로 도덕적 · 사회적 능력 전반의 약화를 가져올 수 있다. 현재 소셜 AI의 활용 방식이 도덕적 재숙련을 유도하기보다는 탈숙련을 가속화할 가능성이 큰 이유가 여기에 있다.

밸러가 주목한 '탈숙련화(deskilling)' 개념은 본래 기계 자동화가 숙련 노동자의 실천적 지식과 기술을 약화한 역사적 사례에서 비롯된 것이다. 20세기에 기계화가 가속화하면서 숙련된 장인이나 기계공이 지닌 기술은 경제적 가치를 잃게 되었고, 자동화를 설계하거나 관리하는 새로운 직종에서는 상향 숙련과 재숙련이 동시에 요구되는 복합적 양상이 전개되었다. 이처럼 정보 통신 기술(ICT)을 포함한 현대 기술 역시 '탈숙련'과 '재숙련'이 공존할 수 있으며, 특히 도덕적 AI를 사회에 통합하는 과정에서 인간의 도덕적 기술이 자동화에 의해 약화할 수 있다는 점이 중요한 우려로 부각되고 있다(Cardwell, 2024).

소셜 AI가 도덕적 역량을 침식하는 도구가 아니라 인간의 윤리적 성장을 지원하는 방향으로 활용되기 위해서는 초기 설계 단계부터 윤리적 고려가 면밀히 반영되어야 한다. 나아가 AI 사용으로 인해 발생할 수 있는 '도덕적 탈숙련화'에 대한 지속적 연구와 정책적 논의가 필요하다. 이를 통해 소셜 AI가 편의성 증대와 도덕적 잠재력이라는 두 가지 과제를 균형 있게 달성하도록 유도할 수 있다. 도덕적 역량이 실천적 지혜와 덕 있는 인격 형성의 핵심 전제 조건임에도 불구하고, 시장 및 문화적 동인은 현재 그러한 역량 함양을 뒷받침하지 못하고 있다. 도덕적 탈숙련과 재숙련이라는 기술적 경로 중 어느 쪽으로 발전이 이뤄질지는 우리의 주의 깊은 관찰과 적극적 개입이 요구되는 문제다.

소셜 AI가 신중하게 설계될 경우 도덕적 성장과 재숙련에 기여할 잠재력을 지니지만, 실제 사용자 행태와 개발 기업의 경제적 유인을 고려하면 현재 발전 방향은 도덕적 탈숙련을 심화할 가능성이 크다. 이는 도덕성과 사회성의 기반을 형성하는 인간 역량에 큰 파장을 일으킬 수 있는 기술 분야에 대해, 더욱 폭넓은 경험적 · 이론적 연구가 요구됨을 시사한다. 소셜 AI가 도덕적 행동에 미치는 영향을 심도 있게 파악하고, 결국 기술 발전이 인간의 도덕적 · 사회적 능력을 약화하기보다는 강화하는 방향으로 이어지도록 노력해야 한다.

소셜 AI의 설계와 구현 과정은 기술이 인간의 도덕적 · 사회적 지형에 미칠 영향을 결정짓는 핵심 요소다. 인간과 인공지능의 경계가 점차 밀접하게 맞물려 가는 시대를 맞아, 도덕성과 사회성을 유지하고 강화하기 위해 이 과정을 지속적으로 성찰하고 적절히 지도할 필요가 있다. 현대 사회에서 정보 통신 기술과 AI가 도입 및 확산되면서 경제적 탈숙련과 재숙련이 복합적으로 나타난다는 분석이 제기되듯이(Cardwell, 2024), 도덕적 영역에서도 AI를 활용함으로써 인간의 도덕 판단 · 실천 기회가 줄어들어, 도덕적 기술이 약화할 수 있다는 우려가 제기되고 있다. 특히 의료 · 간호 · 복지처럼 고도의 전문성이 필요한 분야에서 AI가 의사 결정 지원 시스템으로 자리 잡으면, 전문가가 축적해 온 도덕적 숙고와 실천 능력이 주변화될 위험도 있다.

유념해야 할 점은 도덕적 기술이 특정 원칙을 기계적으로 적용하는 단순한 과정이 아니라, 인간적 맥락과 상황적 특수성을 통합적으로 이해하는 '실천적 지혜'라는 사실이다. 도덕적 탈숙련화가 진행되면 인간이 정교한 도덕적 판단 과정을 거치지 않게 되어, 궁극적으로 '덕 있는 인격'을 형성하기 어려워질 수 있다. 이는 신경윤리학과 덕 윤리학이 강조하는 바와 같이, 인지적 · 정서적 요소가 결합된 도덕 판단이야말로 인간다운 윤리 행위의 핵심이라는 주장과 맥락을 같이한다. 물론 이러한 탈숙련화의 가능성이 곧바로 'AI 기술을 제한해야 한다'는 결론으로 귀결되는 것은 아니다. AI가 인간의 도덕적 판단을 전적으로 대체하기보다는 오히려 도덕적 능력을 보조하거나 향상할 수도 있다는 '도덕적 재숙련(moral reskilling)' 혹은 '상향 숙련(upskilling)'의 여지가 존재하기 때문이다. 예를 들어 윤리적 의사 결정 지원 시스템이 다양한 윤리 이론과 시각을 제공함으로써 인간이 도덕적 숙고 과정을 한층 체계적으로 수행하도록 유도할 수도 있다(Vallor, 2015).

결국 도덕적 탈숙련화와 재숙련 중 어느 방향으로 발전하게 될지는, AI와 인간 간 상호작용의 설계와 사회 ·

제도적 환경에 달려 있다. 윤리 교육과 제도적 지침, 투명성과 책임성을 강조하는 기술 거버넌스 전략을 마련함으로써 AI 기술을 통해 인간의 도덕적 역량을 오히려 강화할 수도 있다. 기술은 인간의 삶의 질을 높일 수도 있고, 반대로 저해할 수도 있다. 핵심은 기술을 어떻게 설계하고 적용할 것인지, 그리고 그 과정에서 인간의 자율적 도덕 판단과 실천이 어떻게 활성화할 수 있는지를 신중히 고민하는 데 달려 있다.

도덕적 AI 기술의 발전은 단지 편의성이나 효율성의 문제가 아니라, 인간의 도덕적 역량이 자동화 시스템에 의해 축소·배제될 위험과 새로운 '윤리적 재숙련'을 모색할 기회를 동시에 열어 보인다. AI 시대의 인간은 기술을 통해 도덕적 능력을 확장할 수도, 반대로 약화할 수도 있다는 가능성이 공존하기에 적극적 개입과 협력적 거버넌스가 더욱 절실해지고 있다.

자율적 판단과 반성적 숙고를 통해 길러져야 할 도덕 역량과 감정적 공감 능력이 알고리즘 의사 결정에 대한 과도한 의존으로 점차 위축될 우려가 있다. 더욱이 AI가 제공하는 즉각적이고 효율적인 판단 결과는, 인간이 직접 감정적 신호와 도덕적 맥락을 탐색·분석·숙고하는 과정을 생략하도록 유도할 수 있다. 이는 급성 기술 사회적 불투명성 시대에 특히 심각한데, 미래 상황을 예측하기 어려울수록 인간 스스로 도덕 판단을 연마할 기회가 위축될 수 있기 때문이다.

이러한 문제를 완화하기 위해서는 덕 윤리가 제시하는 도덕적 기술을 함께 함양하는 전략이 중요하다. 덕 윤리는 정서와 이성을 조화롭게 발달시켜, 특정 상황에서 도덕적, 감정적으로 주목해야 할 요소를 식별하고, 실천적 지혜를 바탕으로 적절히 행동하는 역량을 강조한다. 예컨대 의료 AI가 환자의 두려움이나 고통을 인지했을 때, 해당 정서를 어떻게 수용하고 적절히 대처할 것인지는 데이터 해석 능력만으로 해결되지 않는다. 인간 의료진이 정서적 공감과 덕 윤리적 판단을 결합해 환자에게 일관된 지지를 제공하는 순간에, 비로소 AI의 조언도 윤리적 가치를 발휘할 수 있기 때문이다. 즉, AI가 제공하는 편의를 수동적으로 수용하기보다는, 인간이 '윤리적 기술-사용자(technomoral selves)'로서 능동적으로 정서적 · 도덕적 판단을 내리는 문화를 조성해야, AI 혁신이 인간다움을 심화하고 사회적 유대를 강화하는 방향으로 이어질 수 있다. 기술이 인간 행동을 형성하는 데 큰 영향을 미칠 때, 이는 '어떻게 행동해야 하는가?'라는 윤리적 질문에 대해 물질적인 방식으로 응답하는 것이다. 즉, 공학자들은 '다른 방식으로 윤리를 수행'하고 있으며, 기술을 통해 도덕성을 구체화하고 있는 셈이다(Verbeek, 2006).

결국 도덕적 AI가 현실에서 사회적 신뢰를 얻고 인간 번영에 기여하기 위해서는, 기술적 진보와 윤리적 숙고가 상호 보완적으로 작용하는 거버넌스 체계가 구축되어야 한다. 이는 기계윤리학 · 신경윤리학 · 심리학 · 사회학 · 철학 등 학제 간 연구 결과를 토대로 구체적인 정책 · 법 · 제도를 마련함으로써 가능해진다. 나아가 기술 자체에 대한 맹신이나 과도한 공포를 경계하면서, 감정적 공감과 도덕적 숙고가 결합된 AI 활용 방안을 공동으로 모색하는 과정이 필요하다. 이는 국가 · 기업 · 시민사회가 협력해 '기술-사회적 미래'를 선도적으로 설계하고 그 안에서 AI가 인간의 덕성 · 공동체 가치 · 정서적 유대를 증진하는 장치로 자리매김할 수 있도록 이끄는 핵심 동력이다. 결국, 이러한 다면적 노력이 결합되어야만 AI가 진정한 '윤리적 에이전트'이자 정서적 공감을 반영하는 의사 결정 파트너로 사회 전반에서 폭넓은 신뢰를 확보할 수 있을 것이다.

참고문헌

Cardwell, L.(2024). Artificial companionship: Moral deskilling in the era of social AI. *CJAI*, pp.64~75. https://cjai.co.uk/wp-content/uploads/2024/11/Artificial-Companionship-Moral-Deskilling-in-the-Era-of-Social-AI.pdf

Jobin, A., et al.(2019). The global landscape of AI ethics guidelines. *Nature machine intelligence, 1*(9), pp.389~399.

Vallor, S.(2015). Moral deskilling and upskilling in a new machine age: Reflections on the ambiguous future of character. *Philosophy & technology, 28*, pp.107~124.

Verbeek, P. P.(2006). Materializing morality: Design ethics and technological mediation. *Science, technology, & human values, 31*(3), pp.361~380.

박형빈

서울교육대학교 윤리교육과 교수다. 미국 UCLA 교육학과(Department of Education)에서 방문 학자를 지냈다. 서울교육대학교 교육전문대학원 에듀테크전공 및 인공지능인문융합전공 교수다. 서울교육대학교 신경윤리·가치AI융합교육연구소 소장이며, 서울교육대학교 신경윤리융합교육연구센터 및 가치윤리AI허브센터 센터장이다. 지은 책으로는 《질문으로 답을 찾는 인공지능 윤리 수업》(2025), 《BCI와 AI 윤리》(2025), 《AI윤리와 뇌신경과학 그리고 교육》(2024), 《AI 시대 대한민국 교육 변혁》(2024), 《도덕지능 수업》(2023), 《인공지능윤리와 도덕교육》(2022), 《가정생활 나라면 어떻게 할까?》(2022), 《사회생활 나라면 어떻게 할까?》(2022), 《학교생활 나라면 어떻게 할까?》(2021), 《도덕교육학: 그 이론과 실제》(2021), 《뇌 신경과학과 도덕교육》(2020, 세종우수학술도서), 《통일교육학: 그 이론과 실제》(2020) 등이 있다. 역서로는 《양심: 도덕적 직관의 기원》(2024, 세종우수학술도서), 《어린이 도덕교육의 새로운 관점(공역)》(2019, 세종우수학술도서) 등이 있다. 도덕 윤리 교육, 인격 교육, AI 윤리 교육, 신경윤리학, 디지털 시민성 등에 관심을 갖고 연구하고 있다.